essen &
trinken

Die neue leichte Küche
für jeden Tag

NAUMANN & GÖBEL

Sonderausgabe 1988
für Naumann & Göbel Verlagsgesellschaft, Köln
Alle Rechte bei Gruner + Jahr AG & Co., Hamburg
Überzug: Hermann Bischoff
Redaktion: Gisa von Barsewisch, Rosemarie Kolep
Titel und Layout: Jürgen Pengel
Graphik: Gabriele Hoppe
Rezeptfotos: essen & trinken/schöner essen
Rezeptentwicklung: Versuchsküche essen & trinken/schöner essen
Gesamtherstellung: Mainpresse Richter Druck, Würzburg
Printed in West Germany
ISBN 3-625-10908-5

Inhalt

Knackig, frisch und gesund: Salate

Ob als Vorspeise, Beilage oder Hauptgericht, in der leichten Küche sind Salate ein absolutes Muß: Salate sind vitaminreich, haben einen hohen Anteil an Ballaststoffen, sind leicht verdaulich, und einmal pro Tag sollte man sich einen gönnen. Grund genug, ihnen das erste Kapitel dieses Buches mit einer breiten Palette von Blatt-, Rohkost-, Gemüse- und Fisch-Salaten zu widmen. Dazu gibt's Rezepte für Salatsaucen, die man vorbereiten, aufbewahren und mit den verschiedensten Zutaten nach Lust, Laune und Marktangebot mischen kann. Und weil der gute deutsche Kopfsalat eine Menge Nachwuchs bekommen hat, stellen wir die illustre Blattfamilie in einer kleinen Salatkunde vor.

Blattsalate aus Kopfsalat, Endivie, Feld- und Eichblattsalat, Batavia, Lollo Rosso, Radicchio, Kresse, Romana, Frisée und Kräutern auf den Seiten *8 bis 21*.

Sprossensalate mit herzhaften und süß-pikanten Saucen auf den Seiten *22 bis 25*.

Rohkost-Salate als Vorspeisen und leichte Hauptgerichte auf den Seiten *26 bis 41*.

Gemüse-Salate aus rohem und gekochtem Gemüse auf den Seiten *42 bis 51*.

Salate zum Sattessen aus Reis, Nudeln und Kartoffeln auf den Seiten *52 bis 55*.

Fischsalate, mal edel mit Lachs und Krabben, mal rustikal mit Matjes und Thunfisch, auf den Seiten *56 bis 61*.

Leichte Salatsaucen: wie man sie vorbereitet und wozu sie am besten passen, auf den Seiten *62 bis 69*.

Kleine Salatkunde: die wichtigsten Blattsalate auf den Seiten *11 bis 19*.

Blattsalate

**Radicchio-Feldsalat
mit Dattel-Vinaigrette.
Rezept auf Seite 10**

Bunter Blattsalat
mit Rote-Bete-
Vinaigrette.
Rezept auf Seite 10

Fruchtiger
Eichblattsalat mit
Möhren-Vinaigrette.
Rezept auf Seite 11

Radicchio-Feldsalat mit Dattel-Vinaigrette

Zum Foto auf den Seiten 8/9

Für 4 Portionen:
125 g Feldsalat
1 großer Kopf Radicchio
1 große Avocado
2 Datteln
1 El Pinienkerne
2 El Weißweinessig
Salz
Pfeffer a. d. Mühle
2 El Öl

1. Feldsalat verlesen, gründlich waschen und gut abtropfen lassen. Radicchio putzen, zerpflücken, waschen und gut abtropfen lassen.
2. Avocado schälen, halbieren, entsteinen und quer in dünne Scheiben schneiden.
3. Für die Dattel-Vinaigrette die Datteln entsteinen und in kleine Würfel schneiden. Die Pinienkerne eventuell zerkleinern.
4. Weißweinessig mit 2 El Wasser, Datteln und Pinienkernen verrühren, mit Salz und frisch gemahlenem Pfeffer abschmecken. Zum Schluß das Öl unterrühren.
5. Die Salatzutaten vorsichtig mit der Sauce vermengen, sofort servieren.

Pro Portion ca. 2 g Eiweiß, 22 g Fett, 6 g Kohlenhydrate = 1004 Joule (239 Kalorien)
Salatsauce pro Portion ca. 1 g Eiweiß, 8 g Fett, 5 g Kohlenhydrate = 411 Joule (98 Kalorien)

●●●●●●●●●●●●●●●●●●●●●●●●●●●

Unser Tip: Die Dattel-Vinaigrette paßt auch gut zu Feldsalat, Grapefruit und Birne, zu Frisée, Mango und Ananas oder zu Chicoree.

●●●●●●●●●●●●●●●●●●●●●●●●●●●

Bunter Blattsalat mit Rote-Bete-Vinaigrette

Zum Foto auf den Seiten 8/9

Für 4 Portionen:
100 g Frisée
100 g Kopfsalat
100 g Eichblattsalat
100 g Batavia
100 g krause Endivie
100 g Lollo Rosso
1 kleine rote Zwiebel
1 El Essig
½ Tl Meerrettich (a. d. Glas)
Salz
Pfeffer a. d. Mühle
1 Prise Zucker
3 El Rote-Bete-Saft
2 El Öl

1. Die Salate putzen, zerpflücken, waschen und gut abtropfen lassen.
2. Für die Rote-Bete-Vinaigrette die Zwiebel pellen (dabei nur die äußere rote Haut abziehen). Zwiebel in sehr feine Würfel schneiden.
3. Essig mit der Zwiebel, Meerrettich, Salz, frisch gemahlenem Pfeffer und Zucker verrühren. Zum Schluß den Saft und das Öl unterrühren.
4. Die Blattsalate mit der Vinaigrette vermischen und sofort servieren.

Pro Portion ca. 1 g Eiweiß, 6 g Fett, 5 g Kohlenhydrate = 345 Joule (82 Kalorien)
Salatsauce pro Portion ca. 0 g Eiweiß, 6 g Fett, 4 g Kohlenhydrate = 301 Joule (72 Kalorien)

●●●●●●●●●●●●●●●●●●●●●●●●●●●

Unser Tip: Die Salatsauce paßt zu allen Blattsalaten. Interessant ist natürlich eine Mischung wie oben angegeben. Den nicht verwendeten Teil der Salatköpfe kann man geputzt, in ein feuchtes Tuch geschlagen, in das Gemüsefach des Kühlschranks legen und am nächsten Tag mit der Sauce frisch anmachen.

●●●●●●●●●●●●●●●●●●●●●●●●●●●

Fruchtiger Eichblattsalat mit Möhren-Vinaigrette

Zum Foto auf den Seiten 8/9

Für 4 Portionen:
1 kleiner Kopf Eichblattsalat
1 rosa Grapefruit
1 Apfel
20 g Walnußkerne
2 El frisch geriebener Apfel
100 ccm Möhrensaft (Reformhaus)
1 El gehacktes Basilikum
1 El gehackter Dill
1 Tl Zitronensaft
Salz
Pfeffer a. d. Mühle
1 El Öl

1. Eichblattsalat putzen, waschen, zerpflücken und gut abtropfen lassen.
2. Grapefruit wie einen Apfel schälen, dabei die weiße Haut entfernen. Grapefruit in Scheiben schneiden, die Scheiben halbieren. Apfel waschen, vierteln, das Kerngehäuse entfernen. Apfel in schmale Spalten schneiden. Walnußkerne hacken.
3. Für die Vinaigrette den frisch geriebenen Apfel sofort mit dem Möhrensaft verrühren, damit er sich nicht verfärbt. Basilikum, Dill, Zitronensaft, Salz, frisch gemahlenen Pfeffer und zum Schluß das Öl unterrühren.
4. Die Salatzutaten in einer Schüssel anrichten und mit der Vinaigrette beträufeln.

Pro Portion ca. 2 g Eiweiß, 6 g Fett, 14 g Kohlenhydrate = 493 Joule (117 Kalorien)
Salatsauce pro Portion ca. 0 g Eiweiß, 3 g Fett, 3 g Kohlenhydrate = 162 Joule (39 Kalorien)

●●●●●●●●●●●●●●●●●●●●●●●●●

Unser Tip: Die Sauce paßt zu allen Blattsalaten.

●●●●●●●●●●●●●●●●●●●●●●●●●

Kleine Salatkunde

Kopfsalat ist nicht nur der bekannteste, sondern nach wie vor auch der beliebteste Blattsalat. Im Treibhaus gezogene Köpfe sind zartgrün, im Freiland gewachsene farbintensiver und etwas fester. Kopfsalat hat einen zarten Geschmack und sollte, weil er leicht lappig wird, erst kurz vor dem Servieren angemacht werden.

Endivie: Man unterscheidet die krause Endivie, die besser unter dem Namen Frisée (siehe S. 19) bekannt ist, und die glatte Endivie, auch Eskarol oder Eskariol genannt. Die glatte Endivie hat breite, gezahnte Blätter und einen herben, leicht bitteren Geschmack. Man schneidet die Blätter in Streifen und kann sie kurz in der Sauce ziehen lassen, um ihnen etwas von ihrer Herbheit zu nehmen.

Feldsalat hat je nach Region verschiedene Namen: Ackersalat, Rapunzel und, wegen seines nussigen Geschmacks, auch Nüßchen oder Nüsslisalat. Seine runden kleinen Blättchen sind dunkelgrün. Beim Putzen soll das Pflänzchen erhalten bleiben, es wird nur das Wurzelende entfernt. Feldsalat ist sehr zart und sollte gleich nach dem Anmachen serviert werden.

Eichblattsalat ist ein Verwandter der Endivie, kommt aus Frankreich und hat als einziger Vertreter dieser Pflanzenfamilie nicht den typischen Bittergeschmack. Die lockeren Salatköpfe haben rötlich angehauchte Blätter, die Eichenlaub ähnlich sehen. Der Geschmack ist nußartig-würzig. Eichblattsalat eignet sich besonders für feine Vorspeisensalate und wird dann in kleinere Stücke zerpflückt.

Blattsalate

**Batavia-Mango-Salat
mit Möhren-Joghurtsauce.
Rezept auf Seite 14**

12

Romana-Pilz-Salat
mit Erdnuß-Dickmilch.
Rezept auf Seite 14

Lollo-Rosso-Salat
mit Preiselbeer-Dickmilch.
Rezept auf Seite 15

Batavia-Mango-Salat mit Möhren-Joghurtsauce

Zum Foto auf den Seiten 12/13

Für 4 Portionen:
100 g Batavia
50 g Radicchio
1 Mango (ca. 300 g)
1 Orange (ca. 200 g)
⅛ l Möhrensaft
2 El körniger Frischkäse
2 El Vollmilchjoghurt
2 Tl Ahornsirup
2 El Sonnenblumenkerne

1. Batavia und Radicchio putzen, waschen, zerpflücken und gut abtropfen lassen oder mit der Salatschleuder trockenschleudern.
2. Mango schälen, das Fruchtfleisch in Spalten vom Stein schneiden.
3. Die Orange wie einen Apfel schälen, dabei die weiße Innenhaut entfernen und die Orangenfilets aus den Trennhäuten schneiden.
4. Für die Möhren-Joghurtsauce Möhrensaft mit Frischkäse, Joghurt, Ahornsirup und Sonnenblumenkernen verrühren.
5. Die Salatzutaten vorsichtig mit der Sauce vermengen.

Pro Portion ca. 5 g Eiweiß, 4 g Fett, 27 g Kohlenhydrate = 724 Joule (172 Kalorien)
Salatsauce pro Portion ca. 3 g Eiweiß, 4 g Fett, 9 g Kohlenhydrate = 377 Joule (90 Kalorien)

●●●●●●●●●●●●●●●●●●●●●●●●●

Unser Tip: Die Möhren-Joghurtsauce paßt auch gut zu einem Kresse-Frisée-Salat mit Birnenspalten und gehackten Hasel- oder Walnüssen.

●●●●●●●●●●●●●●●●●●●●●●●●●

Romana-Pilz-Salat mit Erdnuß-Dickmilch

Zum Foto auf den Seiten 12/13

Für 4 Portionen:
200 g Römischer Salat (Romana)
1 Tablett Kresse
125 g Champignons
100 ccm Dickmilch
2 El Erdnußbutter mit Stückchen
2 Tl Johannisbeergelee
Sambal oelek

1. Römischen Salat putzen, waschen, in mundgerechte Stücke zupfen und gut abtropfen lassen.
2. Kresseblättchen mit einer Küchenschere abschneiden.
3. Champignons putzen, unter fließendem kalten Wasser waschen, trockentupfen, in Scheiben schneiden.
4. Für die Erdnuß-Dickmilch die Dickmilch zusammen mit der Erdnußbutter und dem Johannisbeergelee mit dem Schneidstab des Handrührers pürieren und mit Sambal oelek abschmecken.
5. Die Salatzutaten in einer Schüssel anrichten, mit der Sauce beträufeln.

Pro Portion ca. 5 g Eiweiß, 6 g Fett, 7 g Kohlenhydrate = 465 Joule (111 Kalorien)
Salatsauce pro Portion ca. 3 g Eiweiß, 6 g Fett, 6 g Kohlenhydrate = 399 Joule (95 Kalorien)

●●●●●●●●●●●●●●●●●●●●●●●●●

Unser Tip: Mit Avocado und Hähnchenbrustfilets wird eine volle Mahlzeit daraus: 1 Avocado schälen, entsteinen und in Spalten schneiden. 2 Hähnchenfilets in Butter oder Margarine braten, mit Salz und Pfeffer würzen, in Scheiben schneiden und lauwarm über den Salat geben. Mit Avocadospalten garnieren.

●●●●●●●●●●●●●●●●●●●●●●●●●

Lollo-Rosso-Salat mit Preiselbeer-Dickmilch

Zum Foto auf den Seiten 12/13

Für 4 Portionen:
200 g Lollo Rosso
1 großer Pfirsich (ca. 200 g)
30 g Haselnüsse
⅛ l Dickmilch oder Buttermilch
2 El Preiselbeerkompott (a. d. Glas)
1–2 El Zitronensaft

1. Lollo Rosso putzen, waschen, in mundgerechte Stücke zupfen und gut abtropfen lassen oder mit der Salatschleuder trockenschleudern.
2. Den Pfirsich waschen, trockentupfen, halbieren, entsteinen und in Spalten schneiden. Die Haselnüsse grob hacken.
3. Dickmilch oder Buttermilch mit dem Preiselbeerkompott verrühren und mit Zitronensaft abschmecken.
4. Lollo Rosso und Pfirsichspalten in einer Schüssel anrichten, mit der Sauce beträufeln und mit Haselnüssen bestreuen.

Pro Portion ca. 4 g Eiweiß, 5 g Fett, 15 g Kohlenhydrate = 341 Joule (81 Kalorien)
Salatsauce pro Portion ca. 1 g Eiweiß, 1 g Fett, 8 g Kohlenhydrate = 188 Joule (45 Kalorien)

●●●●●●●●●●●●●●●●●●●●●●●●●●

Unser Tip: Die Preiselbeer-Dickmilch paßt auch zu einem Salat aus Chicoree, Birnenspalten und Walnußkernhälften oder zu Feldsalat, Apfelstückchen und gehackten Walnüssen.

●●●●●●●●●●●●●●●●●●●●●●●●

Kleine Salatkunde

Radicchio, ein Salat aus der Familie der Zichorien, kommt aus Norditalien und wird ganzjährig angeboten. Die kleinen runden Köpfe haben rote Blätter mit weißen Adern. Radicchio ist knackig, hat einen herb-bitteren Geschmack, zu dem Früchte besonders gut passen.

Römischer Salat wird auch Bindesalat genannt, was auf seine frühere Anbauform – die Köpfe wurden zusammengebunden – hindeutet. So entstanden aufrecht gewachsene, lockere Köpfe mit länglichen dunkelgrünen Außenblättern und zartgrünem Herz. Heute ist Binden nicht mehr nötig, da die Wuchsform durch Züchtung beeinflußt wurde. Römischer Salat schmeckt herzhafter als Kopfsalat.

Lollo Rosso ist ein Verwandter der Endivie, hat jedoch ein lieblicheres Aroma. Der zarte Krauskopf besteht aus grünen Blättern mit roten Spitzen. Lollo Rosso wird nach dem Putzen in kleinere Stücke zerteilt. Er verträgt sich gut mit herzhaften Vinaigrettes, aber auch mit Früchten.

Kresse: Man unterscheidet Brunnen- und Gartenkresse. Brunnenkresse kommt meist aus Frankreich, hat rundliche dunkelgrüne Blättchen und einen würzigen Geschmack mit pikanter Schärfe. Sie eignet sich vor allem für herzhafte Salate. Gartenkresse wird bei uns auf kleinen Tabletts und lose angeboten. Es handelt sich dabei um kleine Pflänzchen, bei denen sich nur die Keimblätter zeigen. Sie haben eine leichte Schärfe, können als Blattsalat oder zum Würzen verwendet werden.

Blattsalate

**Batavia-Bohnen-Salat
mit Kräutersauce.
Rezept auf Seite 18**

**Frisée-Paprika-Salat
mit Tomaten-Dickmilch.
Rezept auf Seite 18**

Chicoree-Salat mit
Walnußsauce.
Rezept auf Seite 19

17

Frisée-Paprika-Salat mit Tomaten-Dickmilch

Zum Foto auf den Seiten 16/17

Für 4 Portionen:
100 g Frisée
300 g Paprikaschoten (rot, grün und gelb)
5 El Dickmilch oder Buttermilch
100 g Tomaten
1 kleine rote Zwiebel
2 Tl Sangrita pikante
1–2 Tropfen Tabasco
Salz
Pfeffer a. d. Mühle

1. Den Frisée putzen, waschen, zerpflücken und gut abtropfen lassen oder mit einer Salatschleuder trockenschleudern.
2. Paprikaschoten putzen, waschen und in feine Streifen schneiden.
3. Für die Sauce die Dickmilch oder Buttermilch leicht verrühren. Tomaten waschen, Stielansatz herausschneiden und die Tomaten fein würfeln. Zwiebel pellen und ebenfalls in feine Würfel schneiden. Beides mit der Dickmilch verrühren.
4. Die Sauce mit Sangrita, Tabasco, Salz und frisch gemahlenem Pfeffer würzen und vorsichtig mit den Salatzutaten vermengen.

Pro Portion ca. 2 g Eiweiß, 1 g Fett, 7 g Kohlenhydrate = 182 Joule (43 Kalorien)
Salatsauce pro Portion ca. 1 g Eiweiß, 0 g Fett, 3 g Kohlenhydrate = 78 Joule (18 Kalorien)

●●●●●●●●●●●●●●●●●●●●●●●●●

Unser Tip: Die Sauce paßt gut zu herzhaften Salaten wie Radicchio, Endivie oder Eissalat und zu Rohkost-Salaten aus Möhren, Rettich oder Radieschen.

●●●●●●●●●●●●●●●●●●●●●●●●●

Batavia-Bohnen-Salat mit Kräutersauce

Zum Foto auf den Seiten 16/17

Für 4 Portionen:
50 g Batavia
250 g Brechbohnen, gekocht
250 g Tomaten
30 g Haselnüsse
5 El Dickmilch oder Buttermilch
2 El Vollmilchjoghurt
2 El gemischte, gehackte Kräuter
(Zitronenmelisse, Schnittlauch, glatte Petersilie, Dill und Basilikum)
Salz
Pfeffer a. d. Mühle

1. Batavia putzen, waschen, zerpflücken, gut abtropfen lassen. Bohnen in mundgerechte Stücke brechen.
2. Tomaten waschen, trockentupfen und die Stielansätze entfernen. Die Tomaten in Achtel schneiden. Haselnüsse grob hacken.
3. Für die Kräutersauce Dickmilch oder Buttermilch mit dem Joghurt verrühren. Die gemischten, gehackten Kräuter unterziehen und die Sauce mit Salz und frisch gemahlenem Pfeffer abschmecken.
4. Batavia, Bohnen und Tomatenachtel mit der Kräutersauce vermengen, in einer Schüssel anrichten und mit den gehackten Haselnußkernen bestreuen.

Pro Portion ca. 4 g Eiweiß, 5 g Fett, 7 g Kohlenhydrate = 418 Joule (99 Kalorien)
Salatsauce pro Portion ca. 1 g Eiweiß, 1 g Fett, 1 g Kohlenhydrate = 60 Joule (14 Kalorien)

●●●●●●●●●●●●●●●●●●●●●●●●●

Unser Tip: Probieren Sie die Kräutersauce mal zu einem Tomatensalat mit Frühlingszwiebeln, schwarzen Oliven und Schafskäse oder zu Gurkensalat.

●●●●●●●●●●●●●●●●●●●●●●●●●

Chicoree-Salat mit Walnußsauce

Zum Foto auf den Seiten 16/17

Für 4 Portionen:
500 g Chicoree
2 Äpfel (ca. 275 g)
1 Birne (ca. 150 g)
150 ccm Dickmilch
30 g Walnußkerne, grob gehackt
3 El Sangrita
1 Tl Zitronensaft
1 Prise Zucker
Salz
Pfeffer a. d. Mühle

1. Chicoree putzen, den Strunk keilförmig herausschneiden. Die Blätter lösen, waschen, gut abtropfen lassen und quer in Streifen schneiden. Einige ganz lassen und zurückbehalten.
2. Äpfel und Birne waschen, vierteln und die Kerngehäuse entfernen. Die Früchte in dünne Spalten schneiden.
3. Für die Walnußsauce die Dickmilch mit Walnüssen und Sangrita verrühren. Die Sauce mit Zitronensaft, Zucker, Salz und frisch gemahlenem Pfeffer abschmecken.
4. Chicoreestreifen, Apfel- und Birnenspalten mit der Sauce anmachen. Die zurückbehaltenen Chicoreeblätter sternförmig auf einer Platte anrichten und den Salat daraufgeben.

Pro Portion ca. 6 g Eiweiß, 6 g Fett, 19 g Kohlenhydrate = 659 Joule (157 Kalorien)
Salatsauce pro Portion ca. 3 g Eiweiß, 5 g Fett, 4 g Kohlenhydrate = 334 Joule (79 Kalorien)

●●●●●●●●●●●●●●●●●●●●●●●●●●●

Unser Tip: Die Walnußsauce paßt zu herzhaften Blattsalaten mit Paprikastreifen, aber auch zu fruchtigen Salatmischungen wie Radicchio, Feldsalat, Grapefruit oder Kopfsalat, Orange und Birne.

●●●●●●●●●●●●●●●●●●●●●●●●●●●

Kleine Salatkunde

Frisée ist das krause Pendant zur glatten Endivie. Die äußeren Blätter sind dunkelgrün und kräftig im Geschmack, die Herzblätter sind hellgelb und zart. Der Herbst- und Wintersalat ist leicht bitter, schmeckt gut mit Früchten, aber auch mit kross gebratenen Schinkenstreifen und gerösteten Weißbrotwürfeln.

Batavia, eine Neuzüchtung aus Frankreich, hat krause, kräftig geäderte Blätter mit gezacktem, leicht rötlichem Rand. Er schmeckt etwas kräftiger als Kopfsalat, ist aber knackiger und robuster. In ein feuchtes Tuch eingeschlagen, kann man ihn einige Tage im Kühlschrank aufheben. Batavia wird wie Kopfsalat verwendet.

Chicoree kommt aus Belgien, Holland und Frankreich. Die Ausgangspflanze ist eine Zichorie, der nach Bildung der kompletten Pflanze alle Teile oberhalb der Wurzel abgeschnitten werden. Unter Lichtentzug treibt die Wurzel eine Ersatzpflanze. Chicoree besteht aus weiß- bis gelblichen, festen dickfleischigen Blättern, ist sehr frisch und knackig und schmeckt zartbitter. Einen Teil der Bitterstoffe entfernt man, wenn man den Strunk herauslöst. Chicoree sollte im Dunkeln aufbewahrt werden, weil die Blätter sonst bräunlich werden.

Eissalat, auch Eisbergsalat oder Krachsalat genannt, stammt aus Amerika. Die dicken, festen Köpfe sind kohlartig verschlossen, haben hellgrüne, knackige Blätter und einen milden, fast neutralen Geschmack. Eissalat sollte gekühlt serviert werden. Er kann 2–3 Wochen im Kühlschrank aufbewahrt werden.

Kräutersalat
Zum Foto links

Für 4 Portionen:
50 g Kerbel
50 g Blattsellerie oder glatte Petersilie
1 Bund Brunnenkresse (ca. 100 g)
1 Bund Schnittlauch
1 Bund Basilikum
2 Bund glatte Petersilie
1–2 Tabletts Kresse
100 g rote Zwiebeln
2 El Weißweinessig
Salz, Pfeffer a. d. Mühle
1 Prise Zucker, 3 El Öl

1. Den Kerbel verlesen, abzupfen, vorsichtig abspülen und mit Küchenkrepp trockentupfen. Die restlichen Kräuter ebenfalls verlesen, vorsichtig waschen und gut trockenschütteln. Die Blättchen von den Stengeln zupfen. Schnittlauch in feine Röllchen schneiden. Kresse mit einer Küchenschere abschneiden.
2. Die Zwiebeln pellen, in sehr feine Würfel schneiden und mit dem Weißweinessig verrühren.
3. Die Sauce mit Salz, frisch gemahlenem Pfeffer und Zucker abschmekken. Zum Schluß das Öl unterrühren.
4. Die Kräuter mit der Vinaigrette beträufeln und sofort servieren.

Pro Portion ca. 3 g Eiweiß, 9 g Fett, 5 g Kohlenhydrate = 539 Joule (128 Kalorien)

●●●●●●●●●●●●●●●●●●●●●●●●●●

Unser Tip: Die oben angegebenen Kräuter sind eine Empfehlung. Natürlich können Sie eine eigene Komposition nach Gusto und Marktangebot zusammenstellen. Sehr lecker schmeckt dieser Salat auch mit einigen Tropfen Nußöl oder mit in Knoblauchbutter gerösteten Weißbrotwürfeln.

●●●●●●●●●●●●●●●●●●●●●●●●●●

Mungo-Linsen-Salat mit Käse und Gurke

Auf dem Foto oben

Für 4 Portionen:
1 Tasse Mungobohnen (ca. 150 g)
1 Tasse Linsen (ca. 130 g)
½ Salatgurke (ca. 200 g)
150 g Schnittkäse (30% Fett i. Tr.)
2–3 El Weinessig
Salz
Pfeffer a. d. Mühle
6 El Öl
6 Stiele Dill
2 Scheiben Vollkorntoast
2 Tl Butter oder Margarine

1. Mungobohnen und Linsen über Nacht in reichlich Wasser einweichen, abspülen, abtropfen lassen und in ein Einmachglas füllen.
2. Das Glas mit Nylongewebe oder Mull bedecken, zubinden und mit der Öffnung nach unten auf einem Rost an einen hellen Platz, nicht ins direkte Sonnenlicht, stellen.
3. Bohnen und Linsen 1–2mal pro Tag durchspülen. Nach 3–5 Tagen sind die Keime 1–2 cm lang und können verwendet werden.
4. Salatgurke längs halbieren, entkernen und in dünne Scheiben schneiden. Den Käse würfeln und mit Gurke und Keimen vermischen.
5. Aus Essig, Salz, Pfeffer und Öl eine Sauce rühren und den Salat damit anmachen. Salat in einer Schüssel anrichten und mit Dill bestreuen.
6. Toastbrot würfeln, in der heißen Butter oder Margarine rösten, über den Salat geben oder getrennt dazu reichen.

Pro Portion ca. 27 g Eiweiß, 27 g Fett, 49 g Kohlenhydrate = 2431 Joule (579 Kalorien)

Mungo-Linsen-Salat mit Früchten

Auf dem Foto unten

Für 4 Portionen:
1 Tasse Mungobohnen (ca. 150 g)
1 Tasse Linsen (ca. 130 g)
10 Datteln
2 Kiwis
2 große Pfirsiche
4 El Ahornsirup
100 ccm Zitronensaft

1. Mungobohnen und Linsen wie links beschrieben keimen lassen.
2. Datteln vom Stein lösen und in Streifen schneiden.
3. Kiwis schälen, halbieren und dann in Scheiben schneiden.
4. Pfirsiche waschen, vierteln, dabei den Stein auslösen. Die Fruchtviertel quer in Scheiben schneiden.
5. Aus Ahornsirup und Zitronensaft eine Salatsauce rühren und mit Bohnen, Linsen und Früchten vermengen.

Pro Portion ca. 18 g Eiweiß, 1 g Fett, 99 g Kohlenhydrate = 2068 Joule (493 Kalorien)

Sprossen und Keime: Samenkörner wie Hülsenfrüchte, Getreide und Kräutersaaten besitzen eine Keimanlage, die reich an Fett und Eiweiß ist. Durch das Keimen werden die Nährstoffe aufgeschlossen, die Mineralstoffe sind leichter verfügbar, der Anteil an Vitaminen steigt und der Kaloriengehalt verringert sich. Zudem kommen die selbstgezogenen Sprossen garantiert aus »biologischem Anbau«. Dabei kann man sich der im Rezept beschriebenen Methode mit Einmachglas und Mull bedienen oder eine Keimetagere verwenden. Die Keimzeiten der einzelnen Samenkörner erfahren Sie auf der übernächsten Seite.

Sprossensalate

Alfalfa-Salat mit Radieschen

Auf dem Foto oben

Für 4 Portionen:
6 El Alfalfasamen
2 Bund Radieschen
2–3 El Essig
Salz
Pfeffer a. d. Mühle
1 Prise Zucker
6 El Öl
1 Tablett Kresse

1. Alfalfasamen über Nacht in reichlich Wasser einweichen, abspülen, abtropfen lassen und in ein Einmachglas füllen.
2. Das Glas mit Nylongewebe oder Mull bedecken, zubinden und mit der Öffnung nach unten auf einem Rost an einen hellen Platz, nicht ins direkte Sonnenlicht, stellen.
3. Alfalfasamen 1–2mal pro Tag durchspülen. Nach 3–5 Tagen sind die Keime etwa 3 cm lang und können verwendet werden.
4. Radieschen putzen, waschen, zuerst in Scheiben und dann in Stifte schneiden. Radieschen mit den Alfalfasprossen mischen.
5. Essig mit 1 El Wasser, Salz, Pfeffer und Zucker verrühren. Zuletzt das Öl unterrühren. Den Salat mit der Sauce anmachen und in einer Schüssel anrichten.
6. Kresse, wenn nötig, abspülen, die Blättchen abschneiden und über den Salat streuen.

Pro Portion ca. 1 g Eiweiß, 18 g Fett, 4 g Kohlenhydrate = 776 Joule (185 Kalorien)

Alfalfa-Salat mit Trauben und Nüssen

Auf dem Foto unten

Für 4 Portionen:
6 El Alfalfasamen
2 Äpfel (ca. 300 g)
100 g Walnußkerne
200 g blaue Trauben
8 El Zitronensaft
4 El Ahornsirup

1. Alfalfasamen wie im nebenstehenden Rezept keimen lassen.
2. Äpfel waschen, vierteln, das Kerngehäuse entfernen und die Äpfel grob raspeln. Walnußkernhälften noch mal längs halbieren.
3. Die Trauben waschen, abtropfen lassen, von den Stengeln zupfen, vierteln und entkernen.
4. Zitronensaft mit Ahornsirup verrühren, den Salat damit anmachen und sofort servieren.

Pro Portion ca. 4 g Eiweiß, 16 g Fett, 38 g Kohlenhydrate = 1319 Joule (315 Kalorien)

Sprossen und Keime: Um weiterwachsen zu können, verbrauchen die Keime ab einem bestimmten Zeitpunkt ihre wertvollen Inhaltsstoffe. Deshalb ist es wichtig, die Sprossen rechtzeitig zu ernten. Hier die Keimzeit der einzelnen Samenkörner:
2 Tage: Leinsamen, Sonnenblumenkerne
2–3 Tage: Gerste, Weizen, Roggen, Hafer
3 Tage: Erbsen, Linsen, Sojabohnen, Kichererbsen, Reis, Hirse, Kürbiskerne
5 Tage: Bohnen, Mungobohnen, Alfalfasamen
6–12 Tage: Senfkörner
8 Tage: Gartenkresse

Möhren-Apfel-Salat mit Putenbrust
Zum Foto links

Für 4 Portionen:
3 El Apfelessig
Salz
Pfeffer a. d. Mühle
1 Tl Zucker
5–6 El Öl
500 g Äpfel
1 Bund Frühlingszwiebeln
350 g Möhren
250 g geräucherte Putenbrust

1. Aus Essig, Salz, frisch gemahlenem Pfeffer und Zucker eine Sauce rühren. Zum Schluß das Öl unterrühren.
2. Äpfel schälen, vierteln und die Kerngehäuse entfernen. Die Äpfel raspeln und sofort in die Sauce geben, damit sie sich nicht verfärben.
3. Frühlingszwiebeln putzen, waschen und schräg in Ringe schneiden. Die Möhren putzen und raspeln. Beides mit den Äpfeln vermengen.
4. Putenfleisch in dünne Streifen schneiden und mit den übrigen Zutaten vermischen. Den Möhren-Apfel-Salat ca. 10 Min. durchziehen lassen. Dazu paßt Bauernbrot.

Pro Portion ca. 16 g Eiweiß, 22 g Fett, 23 g Kohlenhydrate = 1561 Joule (373 Kalorien)

●●●●●●●●●●●●●●●●●●●●●●●●●●

Unser Tip: Anstelle der oben angegebenen Sauce kann man eine Marinade aus 3 El Öl, 3–4 El Wasser und 1 Beutel »Maggi fix für Salat Sauce Gemischter Salat« zubereiten.

●●●●●●●●●●●●●●●●●●●●●●●●●●

Salatherzen-Salat mit Pfefferzabaione

Zum Foto oben

Für 4 Portionen:
250 g Keniabohnen, Salz
2 Köpfe grüner Salat
375 g Schweinefilet
Pfeffer a. d. Mühle
2 El Öl
125 g Champignons
2 El Sherryessig
2 Eigelb, 1 Prise Zucker
1–2 El Pfefferkörner (möglichst weiß, schwarz und grün gemischt)

1. Bohnen putzen, waschen und in kochendem Salzwasser 7–8 Minuten garen und abtropfen lassen.
2. Salat zerpflücken, nur die zarten, gelben Blätter und die Salatherzen nehmen, kurz waschen und gut auf einem Sieb abtropfen lassen.
3. Schweinefilet mit Salz und Pfeffer würzen und im heißen Öl rundherum braun braten. Bei mittlerer Hitze in ca. 10 Minuten fertig garen.
4. Champignons putzen, waschen und in Scheiben schneiden.
5. Das leicht abgekühlte Filet in dünne Scheiben schneiden und mit Bohnen, Salatherzen und Champignons mischen.
6. Für die Pfefferzabaione den Bratensatz mit Essig ablöschen und in einen kleinen Topf umfüllen. Eigelb, Salz, Zucker und den zermörserten Pfeffer dazugeben und im Wasserbad dick-cremig aufschlagen. Die Sauce vom Herd nehmen, rühren, bis sie sich etwas abgekühlt hat, und lauwarm über den Salat geben.

Pro Portion ca. 22 g Eiweiß, 19 g Fett, 5 g Kohlenhydrate = 1284 Joule (307 Kalorien)

Feldsalat
mit Speck und Gorgonzola
Zum Foto oben

Für 4 Portionen:
75 g durchwachsener Speck
2 El Essig
Salz
1 Prise Zucker
Pfeffer a. d. Mühle
1 Tl Senf
3 El Öl
250 g Feldsalat
75 g Gorgonzola oder Roquefort

1. Den Speck in feine Würfel schneiden und kroß ausbraten. Speckwürfel aus dem Fett nehmen und auf Küchenkrepp abtropfen lassen.
2. Aus Essig, Salz, Zucker, frisch gemahlenem Pfeffer, Senf und Öl eine Vinaigrette rühren.
3. Den Feldsalat putzen, waschen und gut abtropfen lassen. Danach mit der Vinaigrette anmachen.
4. Gorgonzola oder Roquefort zerbröckeln, mit den Speckwürfeln über den Salat verteilen, sofort servieren.

Pro Portion ca. 8 g Eiweiß, 27 g Fett, 3 g Kohlenhydrate = 1272 Joule (304 Kalorien)

●●●●●●●●●●●●●●●●●●●●●●●●

Unser Tip: Seien Sie bei der Sauce sparsam mit Salz, weil die gebratenen Speckwürfel recht salzig sind.
Anstelle von Feldsalat können Sie auch Spinat oder einen herben Blattsalat wie Radicchio oder Frisée verwenden.

●●●●●●●●●●●●●●●●●●●●●●●●

Champignonsalat mit Brunnenkresse

Zum Foto oben

Für 4 Portionen:
1 Bund Brunnenkresse
100 g Emmentaler Käse (im Stück)
30 g Schalotten
1 El Estragonessig
2 El Himbeeressig (oder Sherryessig)
Salz
Zucker
Pfeffer a. d. Mühle
6 El Öl
375 g rosa Champignons

1. Die Brunnenkresse von den groben Stielen zupfen, waschen und gut abtropfen lassen oder in der Salatschleuder trockenschleudern.
2. Emmentaler Käse in kleine Würfel schneiden. Schalotten pellen und in sehr feine Würfel schneiden.
3. Für die Sauce die Schalotten mit beiden Essigsorten, Salz, Zucker und Pfeffer verrühren. Zuletzt das Öl unterrühren.
4. Die Champignons putzen, waschen und gut abtropfen lassen. Die Pilze in Scheiben schneiden, sofort in die Salatsauce geben und etwas durchziehen lassen.
5. Kurz vor dem Servieren die Brunnenkresse unterheben und die Käsewürfel darüberstreuen.

Pro Portion ca. 8 g Eiweiß, 22 g Fett, 8 g Kohlenhydrate = 1194 Joule (285 Kalorien)

Frühlingssalat mit Pimpinelle-Vinaigrette

Zum Foto oben

Für 4 Portionen:
1 Salatgurke (ca. 500 g)
200 g Staudensellerie
2 Bund Radieschen
Salz, Pfeffer a. d. Mühle
3 El Weißweinessig, 5 El Öl
2 El Pimpinelleblättchen
Pimpinellestengel zum Garnieren

1. Gurke waschen, schälen und die Enden abschneiden. Die Gurke längs vierteln, entkernen und quer in Scheiben schneiden.
2. Den Staudensellerie putzen, an der gewölbten Seite dünn abschälen, waschen und in Scheiben schneiden.
3. Radieschen putzen, gründlich waschen und in Scheiben schneiden. Die Gemüse mischen und mit Salz und Pfeffer bestreuen.
4. Aus Essig, Salz, Pfeffer und Öl eine Salatsauce rühren. Die Pimpinelleblättchen grob hacken und unterrühren. Die Gemüse in der Sauce wenden und 5 Minuten durchziehen lassen. Mit Pimpinellestengeln garnieren und servieren.

Pro Portion ca. 1 g Eiweiß, 12 g Fett, 5 g Kohlenhydrate = 631 Joule (150 Kalorien)

●●●●●●●●●●●●●●●●●●●●●●●●

Unser Tip: Eine vollwertige Mahlzeit wird aus dem Salat, wenn man pro Portion 1 El ausgequollene Weizenkörner und ½ El gehackte Nüsse oder Sonnenblumenkerne untermischt.

●●●●●●●●●●●●●●●●●●●●●●●●

Griechischer Salat
Zum Foto links

Für 6 Portionen:
3 rote Paprikaschoten (ca. 750 g)
500 g Tomaten
125 g Zwiebeln
1 Knoblauchzehe
4 El Rotweinessig
Salz
Pfeffer a. d. Mühle
4 El Olivenöl
4 El Öl
125 g schwarze Oliven (a. d. Glas)
300 g Schafskäse
½ Bund glatte Petersilie

1. Paprikaschoten vierteln, putzen, waschen und in Würfel schneiden. Die Tomaten waschen, trockentupfen, vom Stielansatz befreien und sechsteln.
2. Zwiebeln pellen und in Ringe schneiden. Die Knoblauchzehe pellen und durchpressen.
3. Aus Essig, Knoblauch, Salz, frisch gemahlenem Pfeffer, Olivenöl und Öl eine Salatsauce rühren.
4. Tomaten, Paprika, Zwiebelringe und die abgetropften Oliven mischen und in einer Salatschüssel anrichten. Den Salat mit der Sauce beträufeln.
5. Den Schafskäse in grobe Würfel schneiden und über den Salat verteilen. Petersilie, wenn nötig, waschen, Blättchen von den Stengeln zupfen und den Salat damit garnieren.

Pro Portion ca. 20 g Eiweiß, 34 g Fett, 10 g Kohlenhydrate = 1900 Joule (454 Kalorien)

Kopfsalat mit Gruyère
Zum Foto oben

Für 4 Portionen:
1 Kopfsalat
100 g Gruyère
80 g Schalotten
4 El Sherryessig
2 Tl Dijon-Senf
Salz, Pfeffer a. d. Mühle
1 Prise Zucker
⅛ l Olivenöl

1. Salat putzen, halbieren und in Streifen schneiden, waschen und gut abtropfen lassen.
2. Den Käse sehr fein raspeln.
3. Die Schalotten pellen, fein würfeln und mit Essig, Senf, Salz, frisch gemahlenem Pfeffer und Zucker verrühren. Zuletzt das Öl unterrühren.

4. Salatstreifen und Käse vorsichtig mischen, mit der Sauce beträufeln und sofort servieren.

Pro Portion ca. 8 g Eiweiß, 31 g Fett, 6 g Kohlenhydrate = 1489 Joule (355 Kalorien)

●●●●●●●●●●●●●●●●●●●●●●●●●●●

Unser Tip: Noch schneller geht's, wenn Sie für die Salatmarinade »Maggi fix für Salat Sauce Grüner Salat« verwenden.

●●●●●●●●●●●●●●●●●●●●●●●●●●●

Eisberg-Möhren-Rohkost mit Ei

Zum Foto oben

Für 4 Portionen:
4 kleine Eier
250 g Möhren
1 Kohlrabi (ca. 250 g)
½ Kopf Eisbergsalat
1 Bund Radieschen
150 g Erbsen (tiefgekühlt)
5 Frühlingszwiebeln (ca. 100 g)
5 El Zitronensaft
Salz
1 El Zucker
8 El Öl

1. Eier 8 Minuten kochen, abschrekken und pellen.

2. Möhren und Kohlrabi putzen, schälen und getrennt grob raspeln.

3. Eisbergsalat putzen, waschen, gut abtropfen lassen und zerpflücken. Die Radieschen putzen, waschen und in Scheiben schneiden. Erbsen auf ein Sieb geben und kurz mit heißem Wasser abspülen.

4. Frühlingszwiebeln putzen, waschen und in Ringe schneiden, dabei nur das Weiße und Hellgrüne verwenden. Zwiebeln mit Zitronensaft, Salz, Zucker und dem Öl verrühren.

5. Eisbergsalat auf einer Platte verteilen. Das Gemüse sortenweise darauf anrichten. Eier in Achtel schneiden und ebenfalls auf den Salat geben. Die Rohkost mit der Salatsauce beträufeln und sofort servieren.

Pro Portion ca. 12 g Eiweiß, 31 g Fett, 17 g Kohlenhydrate = 1697 Joule (401 Kalorien)

Tomatensalat mit Pfifferlingen

Zum Foto oben

Für 6 Portionen:
300 g kleine frische Pfifferlinge
100 g Schalotten (oder kleine Zwiebeln)
9 El Öl
Salz
schwarzer Pfeffer a. d. Mühle
1 kg Tomaten
500 g Zucchini
1 Bund Basilikum
2 El Rotweinessig
1 El Balsamessig

1. Die Pfifferlinge putzen, unter fließendem Wasser kurz waschen und gut abtropfen lassen. Schalotten pellen, fein würfeln und in 3 El heißem Öl glasig dünsten. Pfifferlinge zugeben, ca. 10 Minuten dünsten, salzen und pfeffern.
2. Tomaten überbrühen, häuten, achteln und entkernen.
3. Zucchini waschen, die Enden abschneiden und die Zucchini in Scheiben schneiden. Basilikum abspülen, die Blätter von den Stengeln zupfen.
4. Für die Salatsauce das restliche Öl mit den beiden Essigsorten verrühren.
5. Pfifferlinge mit Flüssigkeit, Tomatenachteln, Zucchinischeiben und Basilikumblättern mischen und mit der Sauce anmachen. Den Salat 10–15 Min. durchziehen lassen, eventuell mit Salz und Pfeffer nachwürzen.

Pro Portion ca. 3 g Eiweiß, 15 g Fett, 12 g Kohlenhydrate = 879 Joule (210 Kalorien)

Spinatsalat mit Hähnchenfleisch

Zum Foto oben

Für 4 Portionen:
250 g Hähnchenbrustfilet
2 El Öl
Salz
Pfeffer a. d. Mühle
250 g Champignons
250 g Blattspinat
1 Bund Frühlingszwiebeln
1 El Essig
2 El Öl
1 Becher saure Sahne (150 g)
1 El Zitronensaft
1–2 Bund Basilikum

1. Fleisch in Streifen schneiden, im heißen Öl 8 Minuten braten, salzen, pfeffern und herausnehmen.

2. Champignons waschen, abtropfen lassen, halbieren und im Bratfett braten, bis die Flüssigkeit verdampft ist. Die Pilze salzen und pfeffern.

3. Spinat und Frühlingszwiebeln putzen und waschen. Die Zwiebeln schräg in Streifen schneiden.

4. Essig mit Salz, Pfeffer und Öl verrühren, Spinat und Zwiebeln darin wenden. Hähnchenfleisch und Pilze unterheben.

5. Saure Sahne mit dem Zitronensaft verrühren. Basilikum abspülen, trockentupfen und bis auf einen Rest hacken. Basilikum unter die Sahne ziehen und mit Salz und Pfeffer abschmekken. Die Sauce über den Salat gießen und mit Basilikum garnieren.

Pro Portion ca. 19 g Eiweiß, 16 g Fett, 8 g Kohlenhydrate = 1100 Joule (262 Kalorien)

Rohkost-Salate

Löwenzahnsalat mit Champignons

Zum Foto oben

Für 4 Portionen:
2 Schalotten
1 Bund glatte Petersilie
2 El Zitronensaft
2 El Weinessig
Salz, Pfeffer a. d. Mühle
Muskatnuß (frisch gerieben)
6 El Olivenöl
250 g Champignons
1 große Staude Löwenzahn (ca. 500 g)
1 Salatgurke (ca. 400 g)
200 g Rindersaftfleisch (gepökelt, geräuchert, gekocht, in Scheiben)

1. Schalotten pellen und fein würfeln. Petersilie abspülen, fein hacken.

2. Zitronensaft mit Weinessig, Salz, Pfeffer und wenig Muskat verrühren, bis sich das Salz aufgelöst hat. Dann mit dem Öl zu einer cremigen Sauce verschlagen. Schalotten und Petersilie unterrühren.

3. Pilze putzen, waschen, gut abtropfen lassen, in Scheiben schneiden, sofort mit der Salatsauce verrühren.

4. Löwenzahn putzen, gründlich waschen, gut abtropfen lassen und grob zerpflücken. Gurke waschen und in dünne Scheiben schneiden.

5. Rindfleisch in mundgerechte Stücke schneiden und mit Löwenzahn und Gurke unter die Champignons mischen.

Pro Portion ca. 15 g Eiweiß, 23 g Fett, 14 g Kohlenhydrate = 1412 Joule (338 Kalorien)

Salatplatte mit Eierstich
Zum Foto oben

Für 4 Portionen:
4 Eier, 4 El Milch
Salz, Pfeffer a. d. Mühle
½ Tl Curry
etwas Butter oder Margarine
für die Form
2 Tabletts Kresse
2 Bund Radieschen
100 g Doppelrahmfrischkäse
2 El Schnittlauchröllchen
1 Tl Weinessig
1 Prise Zucker
3 El Öl

1. Für den Eierstich Eier mit Milch, Salz, Pfeffer und Curry verquirlen. Eiermilch in eine flache, möglichst viereckige, ausgefettete Form gießen und im heißen Wasserbad in etwa 20 Minuten bei milder Hitze stocken lassen. Eierstich abkühlen lassen, stürzen und in Streifen schneiden.

2. Kresse abspülen, abtropfen lassen, die Blättchen abschneiden und auf einer Salatplatte verteilen.

3. Radieschen putzen, waschen, in Scheiben schneiden. Käse würfeln und beides mit dem Eierstich auf der Kresse anrichten. Mit Schnittlauchröllchen bestreuen.

4. Essig, Zucker, Salz, Pfeffer und Öl zu einer Sauce verrühren, über den Salat träufeln und sofort servieren.

Pro Portion ca. 11 g Eiweiß, 28 g Fett, 4 g Kohlenhydrate = 1360 Joule (325 Kalorien)

Bunte Rohkostplatte
Zum Foto oben

Für 4 Portionen:
250 g Möhren, 1 Kohlrabi
1 Bund Radieschen
½ Kopf Eisbergsalat
200 g Crème fraîche
1 El Senf
1 El Zitronensaft
Salz, Pfeffer a. d. Mühle
1 Prise Zucker, 2 Eigelb
2 El Schnittlauchröllchen

1. Möhren, Kohlrabi, Radieschen und Eisbergsalat putzen und waschen. Die Möhren und den Kohlrabi in Stifte, Radieschen in Scheiben, Eisbergsalat in feine Streifen schneiden.
2. Crème fraîche in einem flachen Topf etwa 5 Minuten kochen lassen. Senf und Zitronensaft unterrühren und mit Salz, Pfeffer und Zucker abschmecken. Eigelb verquirlen, mit der Sauce verrühren, aber nicht mehr aufkochen lassen.
3. Gemüse auf einem Teller anrichten, Schnittlauch darüberstreuen, mit der warmen Sauce servieren.

Pro Portion ca. 5 g Eiweiß, 22 g Fett, 13 g Kohlenhydrate = 1229 Joule (293 Kalorien)

Eisberg-Radicchio-Salat mit Gurke
Zum Foto oben

Für 6 Portionen:
½ Kopf Eisbergsalat
1 Kopf Radicchio
½ Salatgurke
250 g Tomaten
400 g saure Sahne
100 g Ketchup
4 El Weißwein
Salz, weißer Pfeffer a. d. Mühle

1. Salat putzen, waschen, zerpflücken und gut abtropfen lassen.

2. Salatgurke waschen, trockentupfen und in Scheiben schneiden.
3. Tomaten waschen und achteln.
4. Sahne mit Ketchup, Wein, Salz und Pfeffer verrühren und über den Salat geben.

Pro Portion ca. 3 g Eiweiß, 5 g Fett, 9 g Kohlenhydrate = 523 Joule (126 Kalorien)

●●●●●●●●●●●●●●●●●●●●●●●●●

Unser Tip: Probieren Sie zu diesem Salat mal eine Sauce aus 4 El Sahne, 2 El Wasser und 1 Beutel »Maggi-Fix für Salat Sauce Gurkensalat«.

●●●●●●●●●●●●●●●●●●●●●●●●●

Zucchinisalat mit
Schafskäse.
Rezept auf Seite 44

**Warmer Zucchinisalat.
Rezept auf Seite 44**

Zucchinisalat
  mit Dillcreme.
Rezept auf Seite 44

43

Gemüse-Salate

Zucchinisalat mit Schafskäse
Zum Foto auf den Seiten 42/43

Für 4 Portionen:
4 El Weinessig
Salz, Pfeffer a. d. Mühle
½ Tl Senf
2 El Schnittlauchröllchen
4 El Olivenöl
250 g Champignons
250 g Tomaten
250 g Zucchini
2 Eier (hart gekocht)
50 g Schafskäse

1. Essig mit Salz, Pfeffer, Senf, Schnittlauch und Öl verrühren.
2. Champignons putzen, waschen, in Scheiben schneiden und sofort mit der Sauce verrühren.
3. Tomaten waschen und achteln. Zucchini waschen und in Scheiben schneiden.
4. Eier pellen, achteln und mit Tomaten und Zucchini unter die Pilze mengen. Zerbröckelten Schafskäse darübergeben.

Pro Portion ca. 9 g Eiweiß, 8 g Fett, 7 g Kohlenhydrate = 1034 Joule (247 Kalorien)

Warmer Zucchinisalat
Zum Foto auf den Seiten 42/43

Für 4 Portionen:
1 Bund Dill
½ Tablett Kresse
1 Zwiebel
1 Knoblauchzehe
1 El Basilikum (gehackt)
4 El Weinessig
Salz, Pfeffer a. d. Mühle
5 El Olivenöl
750 g Zucchini

1. Dill und Kresse waschen, abtropfen lassen und fein hacken.
2. Zwiebel pellen und fein würfeln. Knoblauch schälen und in feine Scheiben schneiden. Dill, Kresse, Zwiebel, Knoblauch und Basilikum mit dem Essig verrühren, mit Salz und Pfeffer würzen und zuletzt das Öl unterrühren.
3. Zucchini putzen, waschen, im ganzen 7 Minuten in Salzwasser kochen, noch heiß in Scheiben schneiden, sofort mit der Sauce vermengen und warm servieren.

Pro Portion ca. 2 g Eiweiß, 15 g Fett, 11 g Kohlenhydrate = 825 Joule (197 Kalorien)

Zucchinisalat mit Dillcreme
Zum Foto auf den Seiten 42/43

Für 4 Portionen:
500 g Zucchini
Salz
2 Bund Dill
200 g Crème fraîche
2 El Zitronensaft
1 El Parmesankäse (frisch gerieben)
schwarzer Pfeffer a. d. Mühle

1. Zucchini putzen, waschen und im ganzen in Salzwasser etwa 7 Minuten kochen. Dann schräg in Scheiben schneiden und kalt werden lassen.
2. Dill waschen, hacken und mit der Crème fraîche verrühren. Zitronensaft und Parmesan unterrühren und mit Salz und Pfeffer abschmecken.
3. Zucchinischeiben auf einer Platte anrichten und die Dillcreme darübergießen. Die Dillcreme wird erst zum Essen mit den Zucchini vermischt.

Pro Portion ca. 4 g Eiweiß, 20 g Fett, 10 g Kohlenhydrate = 1016 Joule (243 Kalorien)

Schwarzwurzelsalat mit Kresse

Zum Foto oben

Für 4 Portionen:
150 g Möhren, 10 El Weinessig
500 g Schwarzwurzeln, Salz
150 g Prinzeßbohnen (tiefgekühlt)
Pfeffer a. d. Mühle
1 Prise Zucker, 4 El Öl
2 Tabletts Kresse

1. Die Möhren putzen, waschen, schälen und in Scheiben schneiden.
2. 1 l Wasser mit 4 El Weinessig verrühren. Die Schwarzwurzeln schälen und sofort in das Essigwasser legen. Danach in Scheiben schneiden.
3. 1 l Salzwasser zum Kochen bringen und die Schwarzwurzeln darin 10 Minuten bei milder Hitze kochen. Möhren und Bohnen dazugeben und weitere 10–15 Minuten garen. Gemüse abgießen und abtropfen lassen.
4. Den restlichen Essig mit Salz, Pfeffer, Zucker und Öl verrühren und das noch warme Gemüse damit anmachen. Salat etwa 20 Minuten durchziehen lassen.
5. Kresse waschen, abtropfen lassen, die Blättchen abschneiden und über den Salat streuen.

Pro Portion ca. 3 g Eiweiß, 13 g Fett, 22 g Kohlenhydrate = 923 Joule (221 Kalorien)

Lauchsalat
mit geräucherter Putenbrust
Zum Foto oben

Für 4 Portionen:
750 g Lauch (Porree)
Salz
500 g geräucherte Putenbrust
1 Stückchen frischer Ingwer (ca. 10 g)
4 El Zitronensaft
6 El Öl
1 Prise Zucker

1. Lauch putzen, schräg in dünne Ringe schneiden, dabei die dunkleren Blatteile zum Verzieren zurücklassen. Leicht gesalzenes Wasser zum Kochen bringen. Die Lauchringe waschen und auf einem Sieb kurz im kochenden Wasser blanchieren, kalt abschrecken und gut abtropfen lassen.
2. Putenbrust zuerst in Scheiben, dann in Streifen schneiden.
3. Ingwerwurzel schälen, raspeln oder in Stifte schneiden. Zitronensaft mit Öl verquirlen, Ingwer und Zucker zugeben und mit Lauchringen und Putenbrust vermengen.
4. Mit den zurückbehaltenen grünen Lauchringen eine Schüssel auslegen und den Salat daraufgeben.

Pro Portion ca. 28 g Eiweiß, 20 g Fett, 7 g Kohlenhydrate = 1428 Joule (341 Kalorien)

Kaninchen-Wirsing-Salat

Zum Foto oben

Für 4–6 Portionen:
1 Kaninchenrücken (ca. 500 g), Salz
Pfeffer a. d. Mühle, 5 El Öl
1 kleiner Kopf Wirsing (ca. 750 g)
125 g durchwachsener Speck (in sehr
dünnen Scheiben)
4 El Sherryessig (oder guter Weinessig)

1. Kaninchenrücken von Haut und
Sehnen befreien, mit Salz und Pfeffer
einreiben. 1 El Öl erhitzen, Kaninchenrücken darin von beiden Seiten
anbraten, bei mittlerer Hitze in ca. 20
Minuten zu Ende braten, dabei mehrmals wenden.
2. Wirsing putzen, die äußeren Blätter
abnehmen, in Salzwasser blanchieren
und beiseite legen. Den Strunk vom
Wirsing herausschneiden, den Kopf
6–8 Minuten im kochenden Salzwasser blanchieren, nach und nach die
Blätter lösen, in Streifen schneiden.
Speck ausbraten, abtropfen lassen.
3. Kaninchenfleisch aus der Pfanne
nehmen. Essig und restliches Öl verrühren, den Bratensatz damit ablöschen und sofort über den Kohl gie
ßen. Kaninchenrücken auslösen, in
Scheiben schneiden und mit dem
Speck unter den Kohl heben.
4. Eine Salatschüssel mit den ganzen
Kohlblättern auslegen und den Salat
hineingeben.

Pro Portion (bei 6 Portionen) ca. 22 g Eiweiß,
26 g Fett, 5 g Kohlenhydrate = 1543 Joule (369
Kalorien)

Spargelsalat mit Basilikumsauce
Zum Foto links

Für 4 Portionen:
1 kg weißer Spargel
Salz
Zucker
10 g Butter oder Margarine
2 Eier
1 Kopfsalat
4 Bund Basilikum
1–2 Tl Balsamessig
6 El Öl
Pfeffer a. d. Mühle

1. Spargel schälen, in mundgerechte Stücke schneiden und im geschlossenen Topf in kochendem Salzwasser mit einer Prise Zucker und Butter oder Margarine ca. 10 Minuten garen.
2. Eier 10 Minuten kochen, abschrekken, schälen und in Würfel schneiden. Den Kopfsalat putzen, waschen, zerpflücken und trockenschleudern.
3. Für die Sauce Basilikum waschen, Blättchen von den Stielen zupfen und grob hacken. Essig, Öl und 4–6 El Spargelwasser zugeben und alles mit dem Schneidstab des Handrührers pürieren. Sauce mit Salz, Pfeffer und einer Prise Zucker abschmecken und über den Spargel gießen. Den Salat ca. 15 Minuten durchziehen lassen.
4. Die Salatblätter auf einen Teller legen, den Spargel mit der Sauce auf dem Salat anrichten und mit gewürfeltem Ei bestreuen.

Pro Portion ca. 9 g Eiweiß, 18 g Fett, 9 g Kohlenhydrate = 1071 Joule (255 Kalorien)

Zuckerschotensalat
mit Schnittlauch-Ei-Rolle
Zum Foto oben

Für 4 Portionen:
200 g Spargel, 150 g Möhren
300 g Zuckerschoten
Salz
1 Schalotte
2 El Balsamessig
1 El Sherryessig
Pfeffer a. d. Mühle
5 El Öl, 2 Eier
2 El Schnittlauchröllchen
½ Bund glatte Petersilie

1. Spargel schälen und in mundgerechte Stücke schneiden. Möhren putzen, waschen, schälen und in Scheiben schneiden. Zuckerschoten putzen und waschen.

2. Salzwasser zum Kochen bringen. Spargel ca. 15 Minuten darin garen. Nach 10 Minuten die Möhren und die Zuckerschoten dazugeben. Das gegarte Gemüse herausnehmen und abtropfen lassen.

3. Schalotte schälen, fein würfeln und mit den beiden Essigsorten, Salz, Pfeffer und 4 El Öl verrühren. Gemüse in der Sauce durchziehen lassen.

4. Eier mit 1 El Wasser gut verquirlen, mit Salz und Pfeffer würzen, Schnittlauch unterrühren. 1 El Öl in einer Pfanne erhitzen, Eiermischung darin stocken lassen, wenden und goldgelb braten. Aus der Pfanne nehmen, fest zusammenrollen, in Röllchen schneiden, lauwarm mit dem Salat anrichten, mit Petersilie bestreuen.

Pro Portion ca. 9 g Eiweiß, 6 g Fett, 12 g Kohlenhydrate = 603 Joule (144 Kalorien)

Spargel-Schinken-Salat
Zum Foto oben

Für 4 Portionen:
750 g Spargel
Zucker
5 g Butter oder Margarine
Salz
4 Eier
125 g gekochter Schinken
je ½ Bund glatte Petersilie, Dill,
Schnittlauch und Basilikum
125 g Salatmayonnaise (50%)
150 g Magerjoghurt
1 Tl Senf
1 Tl Zitronensaft
Pfeffer a. d. Mühle
Worcestershiresauce
½ Kopfsalat

1. Spargel schälen, die Enden abschneiden. Den Spargel in mundgerechte Stücke schneiden und mit einer Prise Zucker und Fett in kochendem Salzwasser 15–20 Minuten garen.

2. Die Eier in 10 Minuten hartkochen, abschrecken, schälen und in Sechstel schneiden. Den Schinken in Streifen schneiden.

3. Kräuter waschen, trockenschütteln, fein hacken und mit der Mayonnaise, Joghurt, Senf und Zitronensaft verrühren. Sauce mit Salz, Pfeffer und ein paar Spritzern Worcestershiresauce würzen.

4. Salat putzen, waschen, grob zerpflücken, abtropfen lassen und in eine Schüssel legen. Den abgetropften, kalten Spargel und den Schinken daraufgeben und mit der Sauce begießen, mit Eispalten garnieren.

Pro Portion ca. 17 g Eiweiß, 26 g Fett, 6 g Kohlenhydrate = 1582 Joule (378 Kalorien)

Kartoffelsalat mit wachsweichem Ei

Zum Foto links

Für 4 Portionen:
1 kg Kartoffeln
Salz
250 g Tomaten
250 g Salatgurke
250 g Frühlingszwiebeln
250 g Radieschen
½ l Gemüsebrühe (Instant)
6–8 El Weinessig
4 Tl Senf
Pfeffer a. d. Mühle
4 Eier
2 Bund Schnittlauch
2 Tabletts Kresse

1. Kartoffeln gründlich waschen und in der Schale in Salzwasser 20 Minuten kochen lassen.

2. Tomaten brühen, abschrecken, häuten und in Scheiben schneiden. Salatgurke, Frühlingszwiebeln und Radieschen putzen, waschen und ebenfalls in Scheiben schneiden.

3. Die Brühe mit Essig und Senf zum Kochen bringen. Kartoffeln pellen und direkt in Scheiben hineinschneiden. Frühlingszwiebeln untermengen, mit Salz und Pfeffer würzen, in eine Schüssel umfüllen und 10 Minuten ziehen lassen. Dann Tomaten, Gurken und Radieschen vorsichtig unter den Salat mengen.

4. Die Eier in kochendes Wasser geben, 7–8 Minuten kochen lassen, abschrecken, pellen, halbieren und auf den Salat geben.

5. Schnittlauch und Kresse abspülen, Schnittlauch in Röllchen schneiden und über den Salat streuen. Kresse abschneiden und ebenfalls über den Salat geben.

Pro Portion ca. 17 g Eiweiß, 9 g Fett, 54 g Kohlenhydrate = 1721 Joule (411 Kalorien)

Kräuter-Reis-Salat
Zum Foto oben

Für 4 Portionen:
125 g Langkorn-Vollreis
Salz
250 g Spargel
1 Zwiebel
3 El Obstessig
Pfeffer a. d. Mühle
5 El Öl (kaltgepreßt)
50 g Kürbiskerne
1 Bund gemischte Kräuter
250 g rosa Champignons
3 Eier (hartgekocht)

1. Den Reis waschen, in gut ¼ l Wasser mit Salz ca. 30 Minuten zugedeckt ausquellen lassen.
2. Spargel schälen und roh in dünne Scheiben schneiden (oder schon gekochten Spargel in Stücke schneiden). Die Köpfe ganz lassen.

3. Zwiebel pellen, würfeln und mit Obstessig, Pfeffer und Öl zu einer Salatsauce verrühren.
4. Reis, Spargel und die Kürbiskerne mit der Sauce mischen und zugedeckt durchziehen lassen, bis der Reis abgekühlt ist.
5. Die Kräuter abspülen und hacken. Die Champignons putzen, abreiben und in Scheiben schneiden. Beides unter den Salat ziehen.
6. Den Salat 5 Minuten durchziehen lassen, mit Eiachteln garnieren und servieren.

Pro Portion ca. 13 g Eiweiß, 23 g Fett, 28 g Kohlenhydrate = 1576 Joule (376 Kalorien)

Nudel-Gemüse-Salat

Zum Foto oben

Für 6 Portionen:
125 g Nudeln
Salz
1 Dose Mais (425 g EW)
300 g Perlerbsen (tiefgekühlt)
250 g Tomaten
½ Salatgurke
1 Bund Frühlingszwiebeln
1 Bund Dill
125 g gekochter Schinken
knapp ⅛ l Öl
3 El Weißweinessig
1 Tl Chilipaste (Sambal Oelek)
1 kleine Knoblauchzehe

1. Die Nudeln in reichlich Salzwasser knapp gar kochen, sie sollen »Biß« haben, und abtropfen lassen.
2. Mais und Erbsen in einem Sieb lauwarm abspülen und abtropfen lassen.

3. Die Tomaten waschen und achteln, dabei den Stielansatz herausschneiden. Gurke waschen, längs halbieren und quer in Scheiben schneiden.
4. Frühlingszwiebeln putzen, waschen und schräg in Scheiben schneiden. Den Dill fein hacken. Schinken in kurze Streifen schneiden.
5. Aus Öl, Essig, Chilipaste und der gepellten, durchgepreßten Knoblauchzehe eine Salatsauce rühren.
6. Alle Zutaten in einer Schüssel miteinander vermengen, mit Salz abschmecken und ca. 15 Minuten durchziehen lassen.

Pro Portion ca. 11 g Eiweiß, 20 g Fett, 27 g Kohlenhydrate = 1449 Joule (345 Kalorien)

Spargelsalat mit Räucherlachs

Zum Foto links

Für 4 Portionen:
1 kg Spargel
300 g junge Erbsen (tiefgekühlt)
Salz
1 Zwiebel
4 El Weißweinessig
Pfeffer a. d. Mühle
6 El Öl (kaltgepreßt)
1 Bund Dill
125 g Räucherlachs

1. Den Spargel waschen, schälen und die Endstücke abschneiden. Spargel schräg in dünne Scheiben schneiden, dabei die Köpfe ganz lassen.
2. Erbsen kurz in kochendem Salzwasser blanchieren, kalt abschrecken und abtropfen lassen.
3. Die Zwiebel pellen, fein würfeln und mit Essig, Salz, Pfeffer und Öl zu einer Salatsauce verrühren.
4. Spargel und Erbsen in die Sauce geben und 20–30 Minuten darin durchziehen lassen.
5. Dill abspülen, trockentupfen und fein hacken.
6. Räucherlachs in Streifen schneiden und mit dem Dill über den Salat streuen.

Pro Portion ca. 16 g Eiweiß, 18 g Fett, 16 g Kohlenhydrate = 1314 Joule (314 Kalorien)

●●●●●●●●●●●●●●●●●●●●●●●●●●

Unser Tip: Durch Lachs und Erbsen enthält der Spargelsalat wertvolles Eiweiß und durch das kaltgepreßte Öl viele ungesättigte Fettsäuren.

●●●●●●●●●●●●●●●●●●●●●●●●●●

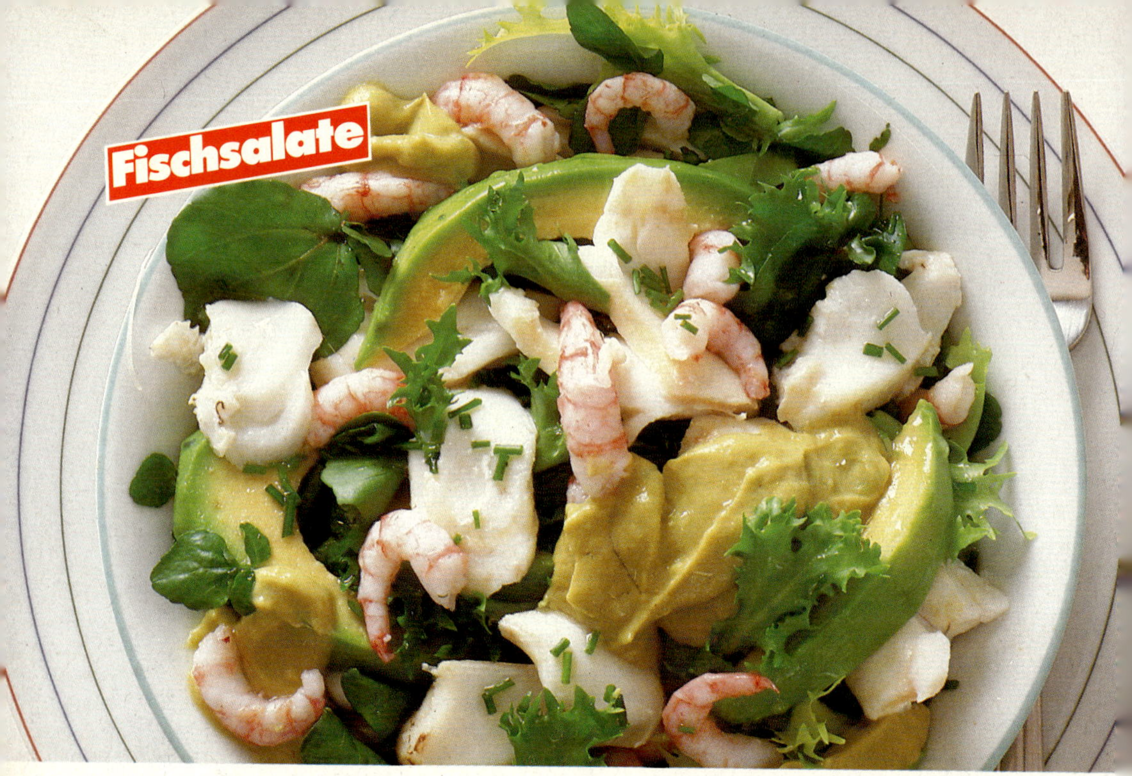

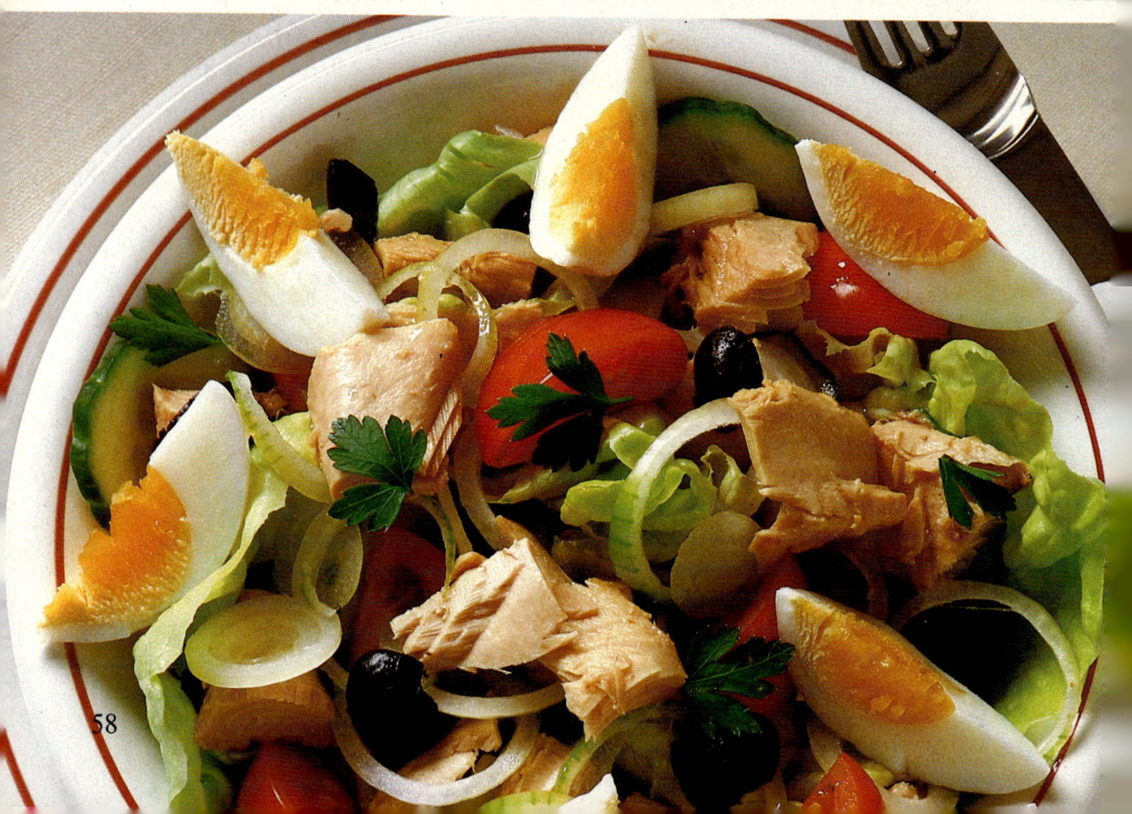

Avocado-Fisch-Salat

Zum Foto links oben

Für 4 Portionen:
1 kg Kabeljau (küchenfertig)
Salz, 2 Lorbeerblätter
10 schwarze Pfefferkörner
2 El Essig
1 Kopf Frisée
1 kleines Bund Brunnenkresse
1 Bund Schnittlauch
1 Dose Sardellenfilets in Öl (30 g)
2 Zwiebeln, 3 reife Avocados
⅛ l trockener Weißwein
1 Prise Zucker, 2 El Senf
1 El Meerrettich (frisch gerieben)
1 El Kapern, 2 El Öl
schwarzer Pfeffer a. d. Mühle
100 g Grönlandkrabben

1. Kabeljau abspülen. 1 l Wasser mit Salz, Lorbeer, Pfefferkörnern und 1 El Essig zum Kochen bringen. Den Fisch hineinlegen und 15–20 Minuten im Sud ziehen (nicht kochen) lassen. Fisch im Sud erkalten lassen.
2. Frisée und Brunnenkresse putzen, waschen, trockenschleudern und in nicht zu kleine Stücke zupfen. Den Schnittlauch in Röllchen schneiden.
3. Sardellen abtropfen lassen und fein würfeln. Zwiebeln pellen, hacken.
4. Avocados schälen, halbieren und den Stein herauslösen. Zwei Avocados pürieren. Weißwein, Zucker, Senf, Meerrettich, Kapern, Schnittlauch, Sardellen und Zwiebeln unterrühren und mit Salz abschmecken.
5. Kabeljau abtropfen lassen, entgräten, in Stücke zerteilen. Dritte Avocado in Spalten schneiden.
6. Frisée und Brunnenkresse mit einer Mischung aus 1 El Essig, Salz, Pfeffer und Öl beträufeln. Fischstücke, Avocado und Krabben darauf verteilen, die Sauce darübergeben.

Pro Portion ca. 21 g Eiweiß, 17 g Fett, 7 g Kohlenhydrate = 1296 Joule (309 Kalorien)

Thunfischsalat

Zum Foto links unten

Für 4 Portionen:
4 Eier
1 Kopfsalat
2 Zwiebeln
4 Tomaten
½ Salatgurke
30 g schwarze Oliven
1 Dose Thunfisch naturell,
ersatzweise in Öl (150 g)
4 El Weißweinessig
Salz
Pfeffer a. d. Mühle
6 El Öl
2 El Petersilienblättchen

1. Eier in 10 Minuten hartkochen, abschrecken, pellen und vierteln.
2. Salat putzen, waschen, zerpflücken und gut abtropfen lassen. Zwiebeln pellen und in Ringe schneiden. Tomaten waschen und vierteln, dabei die Stielansätze herausschneiden. Gurke waschen und in Scheiben schneiden.
3. Oliven halbieren und entsteinen. Thunfisch abtropfen lassen und in kleinere Stücke zerteilen.
4. Salat, Zwiebeln, Tomaten, Gurke, Oliven und Thunfisch in einer Salatschüssel mischen.
5. Aus Essig, Salz, frisch gemahlenem Pfeffer und Öl eine Sauce rühren und über den Salat gießen. Den Salat mit Eivierteln und Petersilienblättchen garnieren.

Pro Portion ca. 12 g Eiweiß, 31 g Fett, 4 g Kohlenhydrate = 1721 Joule (410 Kalorien)

●●●●●●●●●●●●●●●●●●●●●●●●●

Unser Tip: Gut 50 Kalorien pro Portion können Sie sparen, wenn Sie anstatt der oben angegebenen Sauce 4 El Öl mit 4 El Wasser und einem Beutel »Maggi fix für Salat Sauce Gemischter Salat« verrühren.

●●●●●●●●●●●●●●●●●●●●●●●●●

Crabmeat-Salat mit Mandeln

Zum Foto oben

Für 4 Portionen:
1 Dose Crabmeat (185 g EW)
½ Salatgurke
½ Kopfsalat
100 g Mandelblättchen
10 g Butter oder Margarine
2 El Zitronensaft
Salz
Pfeffer a. d. Mühle
1 Prise Zucker

1. Crabmeat in einem Sieb abtropfen lassen, dann auseinander pflücken. Dabei die Chitinteile herausnehmen.
2. Die Salatgurke waschen, trockentupfen und in hauchdünne Scheiben schneiden oder hobeln.
3. Kopfsalat putzen, waschen, zerpflücken und gut abtropfen lassen. Eine Salatplatte mit den Salatblättern auslegen. Crabmeat und Gurkenscheiben mischen und auf den Salatblättern anrichten.
4. Mandelblättchen in Butter oder Margarine leicht anrösten und abkühlen lassen.
5. Aus Zitronensaft, Salz, Pfeffer und Zucker eine Sauce rühren und über den Salat träufeln. Die erkalteten Mandelblättchen darüberstreuen und sofort servieren.

Pro Portion ca. 13 g Eiweiß, 16 g Fett, 8 g Kohlenhydrate = 1005 Joule (240 Kalorien)

Erbsen-Matjes-Salat
Zum Foto oben

Für 4 Portionen:
1 kg Erbsen (300–350 g netto)
Salz
Zucker
3 El Weißweinessig
Pfeffer a. d. Mühle
5 El Öl
2 rote Zwiebeln (100 g)
200 g Matjesfilets
100 g Staudensellerie
½ Bund glatte Petersilie

1. Die Erbsen aus den Hülsen lösen und in Wasser mit wenig Salz und einer Prise Zucker zugedeckt 8–10 Minuten dünsten. Danach abtropfen und abkühlen lassen.
2. Essig, Pfeffer und Öl zu einer Salatsauce verrühren. Die Zwiebeln pellen, würfeln, in die Sauce geben und durchziehen lassen.
3. Matjesfilets in Streifen schneiden. Staudensellerie putzen, waschen, an der gewölbten Seite dünn abschälen. Stangen in Scheiben schneiden. Petersilie abspülen, trockenschütteln, die Blättchen von den Stielen zupfen, große Blätter etwas zerzupfen.
4. Alle Zutaten mit der Salatsauce mischen, falls nötig salzen, zugedeckt kühl stellen und etwa 30 Minuten durchziehen lassen.
Dazu passen Pellkartoffeln und saure Sahne.

Pro Portion ca. 14 g Eiweiß, 37 g Fett, 12 g Kohlenhydrate = 1916 Joule (433 Kalorien)

Salatsaucen

2

1

6

Vinaigrettes mit
Balsamessig und Corni-
chons (1), mit roten
und weißen Zwiebeln (2),
mit Dijon-Senf und
Thymian (3), mit Möhren
und Knoblauch (4),
mit Estragonessig und
Kräuteröl (5), mit
Pfeffersenf und Kapern (6).
Rezepte auf den Seiten 64/65

Vinaigrettes

Entscheidend für den Geschmack einer Vinaigrette ist die Qualität der Grundzutaten: Verwenden Sie darum einen »reinen« oder einen »echten« Weinessig und hochwertiges, möglichst kaltgepreßtes Öl. Wenn Sie sich für ein intensives Öl entscheiden (z. B. Walnußöl), mischen Sie es mit einem neutralen Essig und umgekehrt. Für das Mischungsverhältnis gilt: 2–3 Teile Öl : 1 Teil Essig. Wir haben die nachfolgenden Vinaigrette-Rezepte für je 4 Portionen Salat berechnet. Alle Vinaigrettes ohne frische Kräuter können jedoch in größeren Mengen hergestellt und im Schraubglas einige Tage im Kühlschrank aufbewahrt werden.

Vinaigrette mit Balsamessig und Cornichons

Zum Foto auf den Seiten 62/63

Für 4 Portionen:
2 El Balsamessig (Aceto Balsamico)
Salz
Pfeffer a. d. Mühle
2 Cornichons
5 El Olivenöl

1. Essig so lange mit Salz und Pfeffer verrühren, bis sich das Salz aufgelöst hat.
2. Die Cornichons in sehr kleine Würfel schneiden und zur Sauce geben.
3. Das Öl nach und nach mit dem Schneebesen darunterrühren.

Pro Portion ca. 0 g Eiweiß, 12 g Fett, 0 g Kohlenhydrate = 474 Joule (113 Kalorien)

● ●

Unser Tip: Die Vinaigrette mit Balsamessig und Cornichons paßt gut zu grünen Blattsalaten.

● ●

Vinaigrette mit roten und weißen Zwiebeln

Zum Foto auf den Seiten 62/63

Für 4 Portionen:
2 El Weißweinessig, Salz
Pfeffer a. d. Mühle, 1 Schalotte
1 kleine rote Zwiebel
6 El Pflanzenöl

1. Essig, Salz und Pfeffer mit 1 El Wasser verrühren.
2. Schalotte und rote Zwiebel pellen und halbieren. Jeweils eine Hälfte reiben und die andere in feine Würfel schneiden. Beides zum Essig geben.
3. Zuletzt das Öl unterrühren.

Pro Portion ca. 0 g Eiweiß, 15 g Fett, 0 g Kohlenhydrate = 572 Joule (137 Kalorien)

● ●

Unser Tip: Die Vinaigrette mit roten und weißen Zwiebeln paßt zu Fisch-, Bohnen- und Käsesalaten.

● ●

Vinaigrette mit Dijon-Senf und Thymian

Zum Foto auf den Seiten 62/63

Für 4 Portionen:
2 El Himbeeressig
Salz, Pfeffer a. d. Mühle
2 Tl Kräuter-Dijon-Senf
2 Zweige Thymian
5 El Pflanzenöl, 1 Tl Haselnußöl

1. Essig mit Salz, Pfeffer, Senf und gehacktem Thymian verrühren.
2. Zum Schluß das Öl unterrühren.

Pro Portion ca. 0 g Eiweiß, 14 g Fett, 0 g Kohlenhydrate = 518 Joule (124 Kalorien)

● ●

Unser Tip: Die Vinaigrette mit Dijon-Senf und Thymian paßt zu Radicchio, Endivie, Frisée und Wurstsalat.

● ●

Vinaigrette mit Möhren und Knoblauch

Zum Foto auf den Seiten 62/63

Für 4 Portionen:
2 El Rotweinessig
Salz
Pfeffer a. d. Mühle
1 Tl Ahornsirup
1 kleine Knoblauchzehe
2 El Möhren (gerieben)
2 El Kerbelblättchen
5 El Pflanzenöl

1. Rotweinessig gut mit Salz und frisch gemahlenem Pfeffer verrühren. Dann den Ahornsirup unterrühren.
2. Die Knoblauchzehe pellen und in hauchdünne Scheiben schneiden. Knoblauch und geriebene Möhren mit den abgespülten Kerbelblättchen zur Sauce geben.
3. Zum Schluß das Öl mit einem Schneebesen unterrühren.

Pro Portion ca. 0 g Eiweiß, 13 g Fett, 1 g Kohlenhydrate = 477 Joule (114 Kalorien)

●●●●●●●●●●●●●●●●●●●●●●●●●●

Unser Tip: Vinaigrette mit Möhren und Knoblauch paßt zu Chicoree und Blattsalaten.

●●●●●●●●●●●●●●●●●●●●●●●●●●

Vinaigrette mit Estragonessig und Kräuteröl

Zum Foto auf den Seiten 62/63

Für 4 Portionen:
2–3 El Estragonessig
Salz
Pfeffer a. d. Mühle
4–5 Tropfen Worcestershiresauce
wenig frischer Estragon
5 El Provenzalisches Kräuteröl

1. Estragonessig gut mit Salz und Pfeffer verrühren. Danach die Worcestershiresauce dazugeben.
2. Estragonblättchen, wenn nötig, waschen, fein hacken und hinzufügen.
3. Zuletzt das Kräuteröl nach und nach unterrühren.

Pro Portion ca. 0 g Eiweiß, 13 g Fett, 0 g Kohlenhydrate = 470 Joule (112 Kalorien)

●●●●●●●●●●●●●●●●●●●●●●●●●●

Unser Tip: Vinaigrette mit Estragonessig und Kräuteröl paßt zu grünen Blattsalaten und Salat aus grünen Bohnen.

●●●●●●●●●●●●●●●●●●●●●●●●●●

Vinaigrette mit Pfeffersenf und Kapern

Zum Foto auf den Seiten 62/63

Für 4 Portionen:
2 El Weißweinessig
Salz
Pfeffer a. d. Mühle
1½ Tl Grüner-Pfeffer-Senf
2 Tl Kapern
5 El Pflanzenöl

1. Weißweinessig mit Salz und frisch gemahlenem Pfeffer verrühren, bis sich das Salz aufgelöst hat. Den Grünen-Pfeffer-Senf dazugeben.
2. Kapern abtropfen lassen, hacken und unterrühren.
3. Zum Schluß das Öl mit einem Schneebesen unterrühren.

Pro Portion ca. 0 g Eiweiß, 13 g Fett, 0 g Kohlenhydrate = 476 Joule (114 Kalorien)

●●●●●●●●●●●●●●●●●●●●●●●●●●

Unser Tip: Vinaigrette mit Pfeffersenf und Kapern paßt zu Salaten aus Bratenaufschnitt, Roastbeef und gekochtem Fleisch.

●●●●●●●●●●●●●●●●●●●●●●●●●●

Saucen mit saurer Sahne

Saucen auf der Basis von saurer Sahne sind frisch und, wegen ihres Eiweißgehalts und ihrer relativ geringen Kalorien, besonders gesund. Wenn's ein bißchen mehr sein darf, können Sie die saure Sahne natürlich durch Crème fraîche ersetzen.

Saure Sahne mit Dijon-Senf
Auf dem Foto oben

Für 4 Portionen:
4 El saure Sahne
Salz
Pfeffer a. d. Mühle
1 Tl Dijon-Senf
1 El Zitronensaft

1. Saure Sahne mit Salz und frisch gemahlenem Pfeffer verrühren.
2. Dijon-Senf und Zitronensaft unter die saure Sahne ziehen.

Pro Portion ca. 1 g Eiweiß, 2 g Fett, 1 g Kohlenhydrate = 82 Joule (20 Kalorien)

●●●●●●●●●●●●●●●●●●●●●●●●●

Unser Tip: Saure Sahne mit Dijon-Senf paßt zu Fleischsalat, Feldsalat und zu allen Salaten aus gekochtem Gemüse.

●●●●●●●●●●●●●●●●●●●●●●●●●

Saure Sahne mit Kräutern
Auf dem Foto in der Mitte

Für 4 Portionen:
1 Bund gemischte Kräuter (Basilikum, Kerbel, Dill, glatte Petersilie)
6 El saure Sahne
2 El Milch
1–2 El Zitronensaft
Salz
Pfeffer a. d. Mühle

1. Die Kräuter verlesen, vorsichtig waschen und trockentupfen. Die Blättchen von den Stielen zupfen und fein hacken oder fein wiegen.
2. Saure Sahne mit der Milch und dem Zitronensaft verrühren. Die Kräuter unter die Sahne ziehen.
3. Die Sauce mit Salz und frisch gemahlenem Pfeffer abschmecken.

Pro Portion ca. 1 g Eiweiß, 3 g Fett, 1 g Kohlenhydrate = 134 Joule (32 Kalorien)

●●●●●●●●●●●●●●●●●●●●●●●●●

Unser Tip: Saure Sahne mit Kräutern paßt zu Fleisch- und Fischsalaten.

●●●●●●●●●●●●●●●●●●●●●●●●●

Crème fraîche mit Kresse und Tomaten
Auf dem Foto unten

Für 4 Portionen:
1 Tomate (ca. 125 g)
3 El Crème fraîche
Salz
Pfeffer a. d. Mühle
1–2 El Zitronensaft
1 Tablett Kresse

1. Tomate kurz in kochendes Wasser legen, dann herausnehmen, kalt abschrecken, häuten und halbieren. Die Kerne herausdrücken und den Stielansatz entfernen. Das Tomatenfruchtfleisch in kleine Würfel schneiden.
2. Crème fraîche mit Salz und frisch gemahlenem Pfeffer würzen und den Zitronensaft unterrühren.
3. Die Kresse mit einer Küchenschere vom Beet schneiden und mit den Tomatenwürfeln unter die Sauce heben.

Pro Portion ca. 1 g Eiweiß, 2 g Fett, 2 g Kohlenhydrate = 153 Joule (32 Kalorien)

●●●●●●●●●●●●●●●●●●●●●●●●●

Unser Tip: Crème fraîche mit Kresse und Tomaten paßt zu Salaten aus Schinken oder Kartoffeln oder als Sauce zu Avocados.

●●●●●●●●●●●●●●●●●●●●●●●●●

Saure Sahne mit Mandeln und Schnittlauch

Auf dem Foto oben

Für 4 Portionen:
10 g Mandelblättchen
3 El saure Sahne
Salz
Pfeffer a. d. Mühle
einige Tropfen Tabasco
2 El Milch
½ Bund Schnittlauch

1. Mandelblättchen in einer Pfanne ohne Fett unter Wenden goldbraun rösten.
2. Saure Sahne mit Salz, frisch gemahlenem Pfeffer, Tabasco und der Milch verrühren.
3. Schnittlauch abspülen, gut abtropfen lassen und in Röllchen schneiden. Die Schnittlauchröllchen und die gerösteten Mandelblättchen unter die Saure-Sahne-Sauce heben.

Pro Portion ca. 1 g Eiweiß, 3 g Fett, 1 g Kohlenhydrate = 143 Joule (34 Kalorien)

●●●●●●●●●●●●●●●●●●●●●●●●●●

Unser Tip: Saure Sahne mit Mandeln und Schnittlauch paßt zu Gemüsesalaten.

●●●●●●●●●●●●●●●●●●●●●●●●●●

Crème fraîche mit Parmesan und Zitronensaft

Auf dem Foto in der Mitte

Für 4 Portionen:
1 Zitrone (unbehandelt)
3 El Crème fraîche
1 El Milch
Salz
Pfeffer a. d. Mühle
1 Prise Zucker
1 El Parmesan (frisch gerieben)

1. Die Zitrone heiß waschen, trockentupfen und die Hälfte der Zitrone so dünn abschälen, daß keine weiße Haut an der Schale bleibt. Zitronenschale in sehr dünne Streifen schneiden. Die Zitrone auspressen.
2. Crème fraîche mit Milch und 1–2 El Zitronensaft verrühren und mit Salz, frisch gemahlenem Pfeffer und Zucker würzen.
3. Den geriebenen Parmesan unterrühren. Zum Schluß die Zitronenschale unterziehen.

Pro Portion ca. 2 g Eiweiß, 3 g Fett, 1 g Kohlenhydrate = 145 Joule (35 Kalorien)

●●●●●●●●●●●●●●●●●●●●●●●●●●

Unser Tip: Crème fraîche mit Parmesan und Zitronensaft paßt zu Salaten aus Räucher- und Kochfisch.

●●●●●●●●●●●●●●●●●●●●●●●●●●

Crème fraîche mit Limettensaft und Honig

Auf dem Foto unten

Für 4 Portionen:
1 Limette
3 El Crème fraîche
Salz
Pfeffer a. d. Mühle
1 El Honig

1. Limette heiß abwaschen, trockentupfen und die Schale abreiben. Dann die Limette auspressen.
2. Crème fraîche mit 1 El Limettensaft und 1 Tl Limettenschale verrühren. Die Sauce mit Salz und frisch gemahlenem Pfeffer abschmecken.
3. Zum Schluß den Honig gleichmäßig unterrühren.

Pro Portion ca. 0 g Eiweiß, 2 g Fett, 5 g Kohlenhydrate = 163 Joule (39 Kalorien)

●●●●●●●●●●●●●●●●●●●●●●●●●●

Unser Tip: Crème fraîche mit Limettensaft und Honig paßt zu Geflügelsalaten.

●●●●●●●●●●●●●●●●●●●●●●●●●●

Fit in den Tag

... heißt die Devise. Und der sollte mit dem richtigen Frühstück beginnen. Ob Sie nun lieber Müsli mögen oder ein klassisches Frühstück bevorzugen, wichtig ist, daß es lang anhält, trotzdem nicht belastet und ausgewogen ist. Wählen Sie für ein klassisches Frühstück dunkle Brotsorten aus vollem Korn, Milchprodukte, fettarme Wurstsorten und immer etwas Frisches, sei es Obst oder Gemüse. Ein Müsli aus Getreide, Milchprodukten, Nüssen und Obst ist ebenfalls ausgeglichen. Und weil man einen Morgen im Frühling anders beginnt als im Winter und auch der Markt andere Dinge zu bieten hat, haben wir für jede Jahreszeit ein Müsli und eine Frühstückskomposition zusammengestellt.

Was alles zum Müsli gehört und wie man die Zutaten miteinander kombinieren kann, zeigen wir auf den Seiten *72 und 73.*

Jahreszeiten-Müslis mit den Früchten der Saison auf den Seiten *74 bis 77.*

Sprossen-Müsli mit selbstgezogenen Keimen und bunter Fruchtpalette auf den Seiten *78 und 79.*

Sonntags-Müslis mit fruchtigen Saucen, wenn es etwas Besonderes und aufwendiger sein darf, auf den Seiten *80 und 81.*

Das Jahreszeiten-Frühstück mit leckeren Kleinigkeiten, die leicht zuzubereiten sind, und Vorschlägen, wie Sie ein Frühstück im Frühling, Sommer, Herbst und Winter zusammenstellen können, finden Sie auf den Seiten *82 bis 89.*

Alles fürs Müsli

Körner & Co

Flocken:
Hafer, Gerste, Roggen, Weizen.

Geschrotete Körner:
Weizen, Gerste
Roggen, Hafer, Buch-
weizen, Leinsamen.

Keime:
Weizen, Hafer, Hirse, Naturreis
Roggen, Buchweizen
Leinsamen, Kürbiskerne.

Müsli-Mischung (ungesüßt)

Nüsse und Samen

Haselnüsse, Walnüsse
Mandeln, Paranüsse
Erdnüsse, Pistazien
Kokosraspel, Pinienkerne
Sonnenblumenkerne
Kürbiskerne, Sesam, Nußmus.

Milchprodukte

Vollmilch, Buttermilch, Dickmilch
Kefir, Joghurt
Schlagsahne, Saure Sahne
Crème fraîche
Speisequark
Schichtkäse
Hüttenkäse
Doppelrahmfrischkäse
Mascarpone

Zum Süßen

Honig
Sanddorn mit Honig
Ahornsirup
Dattelmus
Fruchtpüree, Obstsaft

Obst

Frische Früchte:
Alle Beeren
Äpfel, Birnen, Kirschen

Aprikosen, Pfirsiche, Nektarinen
Pflaumen, Trauben
Orangen, Grapefruit
Ananas, Bananen, Mandarinen
Melonen, Mangos, Papayas.

Trockenobst:
Rosinen, Sultaninen
Aprikosen, Pflaumen, Birnen, Äpfel
(möglichst ungeschwefelt)

Müsli, der ideale Start in den Tag, ist reich an Ballaststoffen, Vitaminen und Mineralstoffen und hält lange vor. Außerdem ergibt die Verbindung von Getreide und Milchprodukten besonders hochwertiges Eiweiß. Und Nüsse und Samen liefern wertvolle ungesättigte Fettsäuren. Wählen Sie also für Ihr Müsli mindestens ein Produkt aus jeder Gruppe. Rezeptideen dazu finden Sie auf den folgenden Seiten.

Frühlings-Müsli

Rhabarber-Erdbeer-Müsli
Zum Foto oben

Für 4 Portionen:
250 g Rhabarber
2 El Sanddorn mit Honig
2 El Ahornsirup
250 g Erdbeeren
50 g Haferflocken
25 g Sesam (geschält)
25 g brauner Zucker
400 g körniger Frischkäse
Zitronenmelisse

1. Den Rhabarber putzen, waschen, in 2–3 cm dicke Stücke schneiden und mit dem Sanddorn und dem Ahornsirup ca. 4 Minuten zugedeckt garen.

(Der Rhabarber sollte nicht zerfallen.) Das Kompott erkalten lassen.
2. Die Erdbeeren waschen, entstielen und halbieren.
3. Die Haferflocken mit Sesam und Zucker mischen und in einer Pfanne ohne Fett unter Rühren rösten.
4. Pro Portion ca. 100 g Frischkäse auf einen Teller geben, das erkaltete Kompott und die Erdbeeren darauf anrichten, mit der Haferflockenmischung bestreuen und mit Zitronenmelisse garnieren.

Pro Portion ca. 18 g Eiweiß, 6 g Fett, 45 g Kohlenhydrate = 1125 Joule (319 Kalorien)

Sommer-Müsli

Pfirsich-Melonen-Müsli mit Mascarpone

Zum Foto oben

Für 4 Portionen:
1 Pfirsich (ca. 250 g)
1 kleine Ogenmelone
125 g Mascarpone (italienischer Frisch-
käse) oder Sahnequark
2 El Kefir (oder Milch)
1 Tl Honig
1 El Zitronensaft
250 g Himbeeren
4–6 El Weizenflocken (knusprig)

1. Pfirsich waschen, vierteln, entsteinen, in Scheiben schneiden.

2. Ogenmelone halbieren, die Kerne mit einem Löffel herausnehmen und mit einem Kugelausstecher Kugeln aus dem Fruchtfleisch ausstechen.

3. Mascarpone mit Kefir, Honig und Zitronensaft verrühren.

4. Pfirsichscheiben, Melonenkugeln und Himbeeren auf Tellern anrichten und die Mascarponecreme darübergeben. Pro Portion 1–2 El Weizenflocken darüberstreuen.

Pro Portion ca. 6 g Eiweiß, 4 g Fett, 21 g Kohlenhydrate = 602 Joule (143 Kalorien)

Herbst-Müsli

Zwetschgen-Apfel-Müsli
Zum Foto oben

Für 4 Portionen:
Saft von ½ Zitrone
3 El Ahornsirup
½ Tl Ingwer (frisch gerieben)
150 g Zwetschgen
1 Apfel (ca. 100 g)
50 g Sonnenblumenkerne
100 g Müslimischung (ungesüßt)
2 Becher Vollmilchjoghurt (à 150 g)

1. Zitronensaft mit Ahornsirup und geriebenem Ingwer zu einer Sauce verrühren.
2. Zwetschgen und Apfel waschen und vierteln. Steine und Gehäuse entfernen. Apfelviertel in Scheibchen schneiden.
3. Früchte mit den Sonnenblumenkernen und der Sauce vermengen.
4. Früchte mit der Müslimischung auf Tellern anrichten und den Joghurt darübergeben.

Pro Portion ca. 8 g Eiweiß, 6 g Fett, 32 g Kohlenhydrate = 861 Joule (205 Kalorien)

Winter-Müsli

Zitrus-Müsli
mit Weizenkeimen

Zum Foto oben

Für 4 Portionen:
6 El Weizenkörner
2 Grapefruit
4 Orangen
4 Datteln
⅛ l Schlagsahne
1 Tl Sanddorn mit Honig

1. Weizenkörner 12 Stunden einweichen, abspülen, abtropfen lassen und in ein Einmachglas füllen.
2. Das Glas mit Nylongewebe oder Mull bedecken, zubinden und mit der Öffnung nach unten auf einem Rost an einen hellen Platz, nicht ins direkte Sonnenlicht, stellen.
3. Körner 1–2mal pro Tag durchspülen. Nach 1–2 Tagen sind die Keime etwa 1 cm lang und können verwendet werden.
4. Grapefruit und Orangen wie Äpfel schälen, in Scheiben schneiden und die Kerne entfernen.
5. Datteln entsteinen, würfeln und mit den Früchten vermengen. Obst mit den Keimen auf Tellern anrichten.
6. Sahne anschlagen, mit Sanddorn süßen und über das Müsli geben.

Pro Portion ca. 9 g Eiweiß, 13 g Fett, 61 g Kohlenhydrate = 1619 Joule (386 Kalorien)

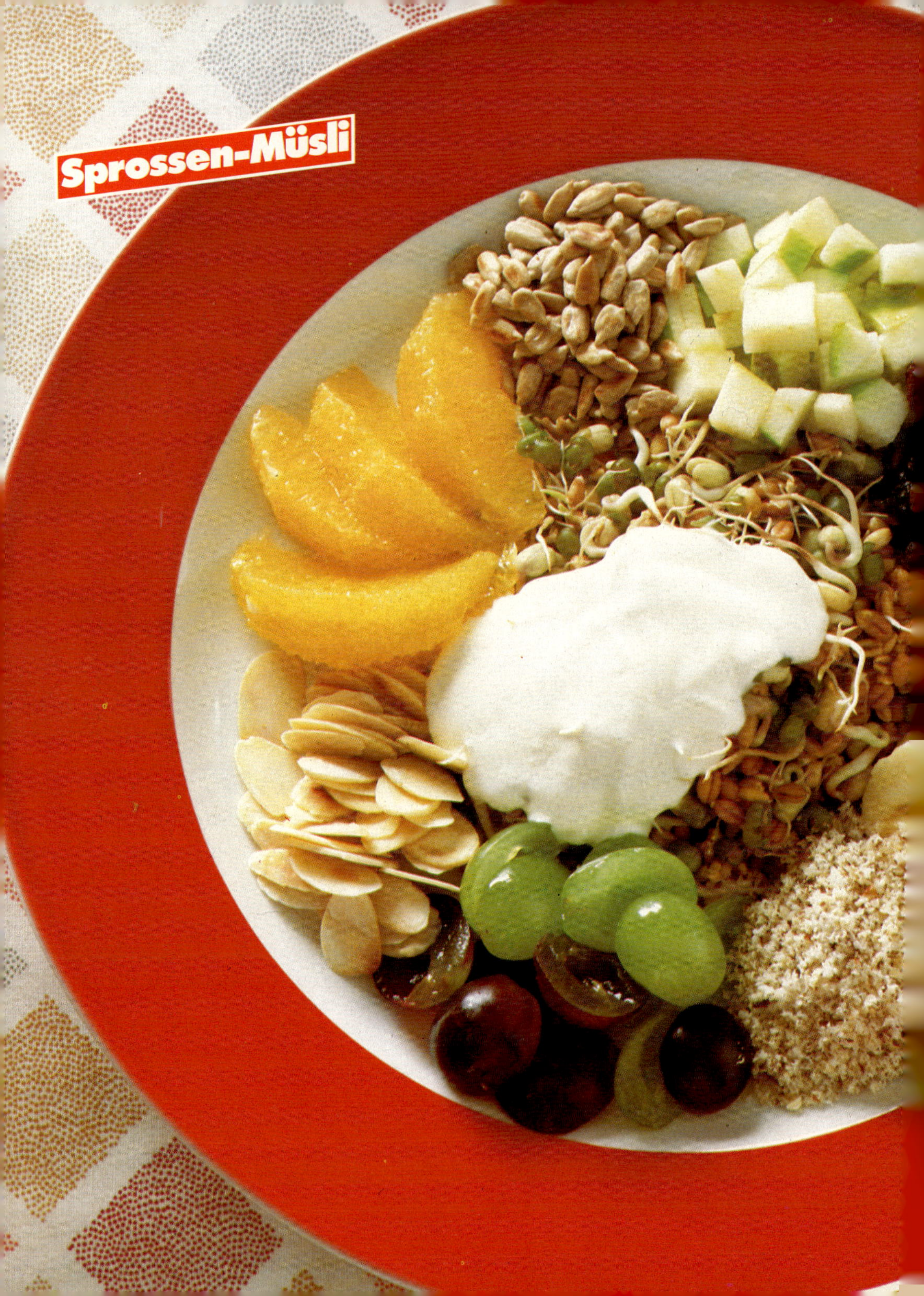
Sprossen-Müsli

Sprossenmüsli mit Fruchtpalette
Zum Foto links

Für 4 Portionen:
4 El Sprießkornweizen
3 El Sprießkornhafer
2 El Mungobohnen
2 El Rosinen, 2 Orangen
2 Äpfel, 2 Bananen
4 El Zitronensaft
200 g Trauben (blaue und grüne)
2 El Haselnüsse
2 El Mandelblättchen
2 El Sonnenblumenkerne
2 Becher Sahnejoghurt (à 150 g)
4 El Schlagsahne

1. Weizen, Hafer und Mungobohnen über Nacht in kaltem Wasser quellen lassen. Am nächsten Tag abgießen, abbrausen, abtropfen lassen und in ein Einmachglas füllen. Das Glas mit einem Mulltuch oder Nylongewebe bedecken, zubinden und mit der Öffnung nach unten auf einem Rost an einen hellen Platz, nicht ins direkte Sonnenlicht, stellen. Die Körner 1–2mal pro Tag durchspülen. Nach 2–3 Tagen sind die Körner gekeimt und können verwendet werden.
2. Rosinen gut waschen. Orangen wie Äpfel schälen und die Filets zwischen den Trennhäuten herauslösen. Äpfel waschen, vierteln, entkernen und würfeln. Bananen schälen und in Scheiben schneiden. Früchte mit Zitronensaft beträufeln.
3. Trauben waschen, von den Stielen zupfen, halbieren und entkernen.
4. Haselnüsse mahlen. Mandelblättchen mit Sonnenblumenkernen in einer Pfanne ohne Fett rösten.
5. Joghurt mit der Sahne verrühren.
6. Die Zutaten auf Tellern anrichten und den Joghurt darübergeben.

Pro Portion ca. 13 g Eiweiß, 23 g Fett, 65 g Kohlenhydrate = 2305 Joule (551 Kalorien)

Schrot-Müsli
Auf dem Foto oben

Für 4 Portionen:
200 g Getreidekörner
8 El Schlagsahne
4 El Zitronensaft
4 El Sanddorn mit Honig
40 g Haselnüsse
2 El Kürbiskerngranulat (Granufink)
2 Bananen, 1 Apfel

1. Getreidekörner am Abend vorher grob schroten (Getreidemühle oder alte Kaffeemühle). Schrot in wenig Wasser einweichen, das Schrot sollte gerade bedeckt sein, und kühl stellen.
2. Sahne mit Zitronensaft, Sanddorn, Haselnüssen und Kürbiskerngranulat vermischen.
3. Die Bananen schälen, in Scheiben schneiden. Den Apfel grob raspeln. Früchte unter das Müsli ziehen.

Pro Portion ca. 19 g Eiweiß, 24 g Fett, 57 g Kohlenhydrate = 2312 Joule (551 Kalorien)

●●●●●●●●●●●●●●●●●●●●●●●●●

Unser Tip: Wer keine Mühle hat, kann Getreidekörner im Reformhaus schroten lassen oder speziell fürs Frühstück aufbereiteten Weizen kaufen.

●●●●●●●●●●●●●●●●●●●●●●●●●

Nuß-Müsli mit Kefirsauce
Auf dem Foto in der Mitte

Für 4 Portionen:
40 g Haferflocken
40 g Weizenflocken
je 20 g gehobelte Mandeln,
Haselnüsse und Pistazien
1 El Sesam (geröstet)
50 g Sultaninen
250 g Kefir
100 ccm Schlagsahne
1 El Ahornsirup
1 kleiner Apfel, 2 Orangen

1. Haferflocken mit Weizenflocken, Nüssen, Sesam und Sultaninen mischen.
2. Kefir, Sahne und Ahornsirup verrühren. Apfel gleich in die Sauce raspeln. Orangen schälen, filieren und mit dem Saft unter die Sauce mengen.
3. Müsli-Mischung in Schälchen geben und mit der Sauce übergießen.

Pro Portion ca. 9 g Eiweiß, 21 g Fett, 40 g Kohlenhydrate = 1646 Joule (392 Kalorien)

Trockenfrucht-Müsli mit Himbeersauce
Auf dem Foto unten

Für 4 Portionen:
50 g Kurpflaumen
50 g Trocken-Aprikosen
50 g Haferflocken
25 g Hirseflocken
15 g Leinsamenschrot
10 g Mohn (frisch gemahlen)
1 El Walnußkerne (grob gehackt)
250 g Himbeeren (tiefgekühlt)
250 ccm Schlagsahne, 1 El Zucker
2 Orangen, 100 g Weintrauben

1. Pflaumen und Aprikosen in Streifen schneiden und über Nacht in wenig Wasser einweichen.
2. Haferflocken, Hirseflocken, Leinsamen, Mohn und Walnüsse mischen. Pflaumen und Aprikosen mit dem Einweichwasser unterrühren.
3. Für die Himbeersauce die aufgetauten Himbeeren durch ein Sieb streichen, mit Sahne und Zucker verrühren. Orangen schälen, filieren, Filets mit dem Saft unter die Sauce ziehen. Trauben waschen, vierteln, entkernen und unterheben.
4. Müslimischung auf Schälchen verteilen, die Sauce darübergeben.

Pro Portion ca. 8 g Eiweiß, 26 g Fett, 55 g Kohlenhydrate = 2071 Joule (493 Kalorien)

Frühlings-Frühstück

Für das Frühlings-Frühstück empfehlen wir: Curry-Rührei, Vollkornbrötchen mit Radieschenbutter, Quark, Rettich, Schinken oder Roastbeef. Und dazu Milchkaffee.

Curry-Rührei

Für 4 Portionen:
20 g Butter oder Margarine
½ Tl Curry
6 Eier, Salz
6 El Mineralwasser oder Wasser
Tomaten- und Gurkenstreifen
2 Tl Sesam (geschält und geröstet)

1. Fett in einer Pfanne zerlassen und den Curry darin leicht anrösten.
2. Eier mit Salz und Mineralwasser verquirlen, in die Pfanne geben und stocken lassen. Dabei mit einem Spatel vom Rand her große Schollen zusammenschieben.
3. Rührei mit Tomaten- und Gurkenstreifen garnieren und mit Sesam bestreuen.

Pro Portion ca. 10 g Eiweiß, 13 g Fett, 2 g Kohlenhydrate = 715 g Joule (171 Kalorien)

Radieschenbutter

Für 4 Portionen:
250 g Radieschen (ca. 1 Bund)
125 g Butter
4 El Schnittlauchröllchen
Salz, Paprikapulver (edelsüß)
Zitronenpfeffer, 1 Tl Limettensaft

1. Radieschen putzen, waschen und ganz fein würfeln.
2. Butter mit dem Handrührgerät schaumig rühren. Radieschen und Schnittlauchröllchen unterrühren.
3. Butter mit Salz, Paprika, Pfeffer, Limettensaft abschmecken, kalt stellen.

Pro Portion ca. 1 g Eiweiß, 26 g Fett, 2 g Kohlenhydrate = 1064 Joule (254 Kalorien)

Sommer-Frühstück

Für das Sommer-Frühstück empfehlen wir: Beerenfruchtteller, Vollkornbrötchen mit roh gerührter Konfitüre, Lachsschinken, Käse und Gurken. Dazu Kaffee und Milch.

Beerenfruchtteller

Für 4 Portionen:
250 g Erdbeeren
250 g Brombeeren
250 g Himbeeren
250 g schwarze Johannisbeeren
1 Limette (unbehandelt)
4 Becher Vollmilchjoghurt (à 150 g)
8 Tl brauner Zucker

1. Beeren waschen und putzen.
2. Limette waschen, Schale abraspeln und Limette auspressen.
3. Joghurt mit 4 Tl Limettensaft und dem Zucker verrühren.
4. Beeren und Sauce auf Tellern anrichten, mit der Schale garnieren.

Pro Portion ca. 9 g Eiweiß, 7 g Fett, 41 g Kohlenhydrate = 1092 Joule (261 Kalorien)

Roh gerührte Himbeerkonfitüre

Für ½ l:
500 g reife Himbeeren
500 g Gelierzucker

1. Beeren verlesen und zerdrücken.
2. Zucker dazugeben. Mit den Quirlen des Handrührgeräts so lange rühren, bis sich der Zucker gelöst und sich weißer Schaum gebildet hat.
3. Marmelade in saubere, trockene Gläser füllen, verschließen und kühl aufbewahren.
Sie hält bis zu sechs Wochen.

Pro Eßlöffel ca. 0 g Eiweiß, 0 g Fett, 13 g Kohlenhydrate = 277 Joule (54 Kalorien)

85

Herbst-Frühstück

Herbst-Frühstück

Für das Herbst-Frühstück emfehlen wir: Frischkäse mit Paprikawürfeln, Vollkornbrot mit Zwetschgenmus, Putenbrust, Tomaten und Weintrauben. Dazu Kaffee oder Tee.

Frischkäse mit Paprikawürfeln

Für 4 Portionen:
300 g Paprikaschoten (rote, gelbe und grüne)
400 g körniger Frischkäse
Salz, Pfeffer a. d. Mühle

1. Paprikaschoten putzen, waschen und in ganz feine Würfel schneiden.
2. Paprika unter den Käse rühren, mit Salz und Pfeffer abschmecken.

Pro Portion ca. 16 g Eiweiß, 5 g Fett, 6 g Kohlenhydrate = 609 Joule (145 Kalorien)

Zwetschgenmus

Für ca. 450 g:
1 kg Zwetschgen
2 Zimtstangen, 200 g Zucker

1. Zwetschgen waschen, entsteinen, in einem großen Topf im eigenen Saft langsam erhitzen und weichkochen.
2. Dann in die tiefe Saftpfanne des Backofens umfüllen. Die Zimtstangen und 50 g Zucker unterrühren und bei 150 Grad (Gas 1) ohne Rühren ca. 30 Minuten eindicken lassen. Danach wieder 50 g Zucker unterrühren und 30 Minuten eindicken lassen. So fortfahren, bis der Zucker aufgebraucht ist. Weiterschmoren, bis die Masse nicht mehr fließt und ein durchgezogener Löffel eine Straße hinterläßt.
3. Mus heiß in ein Glas umfüllen, mit dem Schraubdeckel verschließen.

Pro Eßlöffel ca. 0 g Eiweiß, 0 g Fett, 18 g Kohlenhydrate = 311 Joule (74 Kalorien)

Winter-Frühstück

Für das Winter-Frühstück empfehlen wir: Grapefruit, Äpfel, Rahmeier, Vollkorntoast mit Obatztem und Geflügelsülze. Dazu Kaffee oder Tee.

Rahmeier

Für 4 Portionen:
100 g Crème fraîche
100 g Doppelrahmfrischkäse
2 El Milch
Salz, Pfeffer a. d. Mühle
je 2 El Basilikum, Schnittlauch und glatte Petersilie (gehackt)
20 g Parmesan (gerieben)
4 Eier

1. Crème fraîche, Frischkäse, Milch, Gewürze, Kräuter und etwas Parmesan mit den Eiern verrühren.
2. Die Eiermasse in vier Förmchen füllen und mit je 2 Tl Parmesan bestreuen.
3. Rahmeier im vorgeheizten Ofen ca. 25 Minuten bei 200 Grad (Gas 3) goldgelb backen und sofort servieren.

Pro Portion ca. 14 g Eiweiß, 24 g Fett, 4 g Kohlenhydrate = 1062 Joule (291 Kalorien)

Obatzter mit Frischkäse

Für 4 Portionen:
1 Zwiebel (ca. 60 g)
½–1 Tl Kümmel
200 g Doppelrahmfrischkäse
Salz, Pfeffer a. d. Mühle
Paprikapulver (edelsüß)
1 kleine Zwiebel

1. Zwiebel pellen, fein würfeln und mit dem Kümmel unter den Frischkäse rühren.
2. Käse mit Salz, Pfeffer und Paprika würzen und mit Zwiebelringen garnieren.

Pro Portion ca. 5 g Eiweiß, 15 g Fett, 3 g Kohlenhydrate = 788 Joule (188 Kalorien)

Leichtes zum Sattessen

Das beste Rezept für die richtige Ernährung ist Vielseitigkeit: So werden Sie ganz automatisch mit allen Vitaminen und Mineralstoffen versorgt, ohne lange über die Zusammensetzung nachdenken zu müssen. Darüber hinaus sollten gerade Hauptmahlzeiten zwar sättigen, aber nicht jenes Völlegefühl verursachen, das zu bleierner Müdigkeit führt. Deshalb auf den nächsten Seiten viele leichte, abwechslungsreiche Hauptgerichte und fruchtige, erfrischende Desserts.

... mit Fleisch: Hähnchen und Rindfleisch, mal fruchtig-pikant, mal herzhaft auf den Seiten *92 bis 105.*

... mit Fisch: Süß- und Salzwasserfische mit leichten Saucen und Gemüse auf den Seiten *106 bis 117.*

... mit Gemüse: Suppen, Aufläufe, gedünstetes und gefülltes Gemüse auf den Seiten *118 bis 147.*

... mit Quark oder Eiern: Leichtes aus Quark, Omeletts und Eierfrikassee auf den Seiten *148 bis 153.*

... mit Nudeln oder Reis: Nudeln mit würzigen Saucen und Risotto mit viel Gemüse auf den Seiten *154 bis 159.*

Fruchtige Desserts aus frischen Früchten und Cremes auf den Seiten *160 bis 173.*

Schweinefilet-Curry mit Zwetschgen

Zum Foto links

Für 4–6 Portionen:
2 Knoblauchzehen
1 Limette, 4 El Sojasauce
600 g Schweinefilet (2 Stück)
500 g Zwetschgen, 250 g Porree
30 g brauner Zucker
75 ccm trockener Weißwein
7 El Öl, 1 El Curry
1 El Koriander (frisch gemahlen)
evtl. Salz, Pfeffer a. d. Mühle

1. Knoblauch pellen und durchpressen. Die Limette waschen, dünn abreiben und auspressen. Knoblauch, Limettensaft und -schale mit der Sojasauce verrühren.

2. Die Haut von den Filets entfernen. Filets mit der Sauce übergießen und zugedeckt über Nacht im Kühlschrank durchziehen lassen.

3. Zwetschgen waschen und entsteinen. Porree putzen, waschen und das Weiße und Hellgrüne in schmale Ringe schneiden.

4. Zucker in einer Pfanne erhitzen, bis er schmilzt. Mit Weißwein ablöschen und kochen, bis sich der Karamel gelöst hat. Zwetschgen dazugeben und 2–3 Minuten darin dünsten.

5. Filets aus der Marinade nehmen und in Streifen schneiden. 5 El Öl erhitzen, Fleisch darin anbraten und herausnehmen. Restliches Öl erhitzen, Curry und Koriander kurz darin anschwitzen. Porree und die Marinade dazugeben und 2–3 Minuten unter Rühren dünsten.

6. Fleisch und Zwetschgen mit Flüssigkeit dazugeben, 3–4 Minuten garen. Eventuell salzen und pfeffern. Dazu paßt Reis.

Pro Portion (bei 6 Portionen) ca. 20 g Eiweiß, 22 g Fett, 22 g Kohlenhydrate = 1561 Joule (373 Kalorien)

Hähnchenbrustfilet mit Mandelsauce

Zum Foto oben

Für 4 Portionen:
4 Hähnchenbrustfilets (600 g)
3 El Öl
Salz, Pfeffer a. d. Mühle
20 g Mandelblättchen
2 Becher Joghurt (à 150 g)
1 Knoblauchzehe
20 g Mandeln (gehackt)
1 Eigelb, ½ Kopfsalat

1. Hähnchenfilets im heißen Öl rundherum in ca. 10 Minuten goldbraun braten. Filets mit Salz und Pfeffer würzen. Fleisch aus der Pfanne nehmen und in Alufolie wickeln.
2. Mandelblättchen im Bratfett goldbraun rösten und beiseite stellen.
3. Joghurt in einem Sieb abtropfen lassen und in eine Schüssel geben. Knoblauch pellen, zum Joghurt pressen. Mandeln und Eigelb unterrühren, mit Salz und Pfeffer würzen.
4. Kopfsalat putzen, waschen und trockenschleudern. Die Blätter auf eine Platte legen und die Filets mit der Sauce darauf anrichten. Mit den Mandelblättchen bestreuen.
Dazu paßt Baguette.

Pro Portion ca. 42 g Eiweiß, 22 g Fett, 6 g Kohlenhydrate = 1769 Joule (421 Kalorien)

Roastbeef mit Sauce Biarotte
Zum Foto oben

Für 4 Portionen:
1 Zwiebel
1 El Öl
2 El Kapern
75 g Cornichons
2 Bund glatte Petersilie
2 Eigelb, 2 Eier
1 El Estragonessig
Salz, Pfeffer a. d. Mühle
250 g Roastbeef (in Scheiben)

1. Die Zwiebel pellen, würfeln und im heißen Öl glasig dünsten.
2. Kapern abspülen und abtropfen lassen. Cornichons fein würfeln. Petersilie abspülen und die Blättchen fein hacken. Eigelb, Eier und Essig mit 2 El Wasser verquirlen.
3. Kapern, Gurken und Eimischung zu den Zwiebeln geben und bei milder Hitze unter ständigem Rühren (am besten mit dem Schneebesen) sämig garen, nicht kochen lassen.
4. Die Sauce mit Salz und Pfeffer abschmecken und die gehackte Petersilie unterziehen. Sauce Biarotte zum kalten Roastbeef servieren.
Dazu passen Bratkartoffeln.

Pro Portion ca. 20 g Eiweiß, 15 g Fett, 4 g Kohlenhydrate = 983 Joule (235 Kalorien)

Hähnchenleber auf Chinakohl-Porree-Gemüse

Zum Foto oben

Für 4–6 Portionen:
375 g Porree
500 g Chinakohl
500 g helle Geflügelleber
2 Tl grüne Pfefferkörner (eingelegt)
50 g Cashewkerne (gesalzen)
5 El Öl
Salz, weißer Pfeffer a. d. Mühle
1–2 Tl mittelscharfer Senf
100 g Crème fraîche

1. Porree putzen, waschen und nur den weißen und hellgrünen Teil in Ringe schneiden. Chinakohl putzen, waschen und in mittelfeine Streifen schneiden.

2. Leber von Fett und Sehnen befreien. Pfefferkörner zerdrücken. Die Cashewkerne grob hacken.

3. 3 El Öl in einer großen Pfanne sehr heiß werden lassen. Porree und Chinakohl darin unter Wenden 6–8 Minuten dünsten und mit Salz und Pfeffer würzen. Das Gemüse in der Pfanne warm stellen.

4. Das restliche Öl in einer anderen Pfanne erhitzen. Die Leber darin unter Wenden 6–8 Minuten braten, salzen und pfeffern. Leber herausnehmen und warm stellen.

5. Senf, Crème fraîche und grünen Pfeffer in die Pfanne zum Bratfond geben und dicklich einkochen.

6. Leber auf dem Gemüse anrichten, mit der Sauce begießen und mit den Cashewkernen bestreuen.

Dazu passen Baguette oder Vollkornnudeln.

Pro Portion (bei 6 Portionen) ca. 22 g Eiweiß, 19 g Fett, 7 g Kohlenhydrate = 1238 Joule (296 Kalorien)

Hähnchen mit Spitzkohl und Zitronensauce

Zum Foto oben

Für 4 Portionen:
1–2 Köpfe Spitzkohl (ca. 1 kg)
30 g Butter oder Margarine
Salz, Pfeffer a. d. Mühle
4 Hähnchenbrustfilets (500 g)
20 g Butterschmalz, 20 g Mehl
¼ l Hühnerbrühe (Instant)
100 g Crème fraîche
4–5 El Zitronensaft
1 Prise Zucker

1. Spitzkohl waschen, längs halbieren oder vierteln und den Strunk herausschneiden. Kohlblätter in Streifen schneiden und in 20 g Butter oder Margarine andünsten. Knapp ⅛ l Wasser zugeben und zugedeckt bei milder Hitze 15 Min. schmoren. Zum Schluß mit Salz und Pfeffer würzen.

2. Hähnchenbrustfilets salzen, pfeffern, im heißen Butterschmalz von jeder Seite 3–4 Minuten goldbraun braten, herausnehmen und warm stellen.
3. Die restliche Butter oder Margarine im Bratfett zerlassen, das Mehl darin anschwitzen und mit der Brühe ablöschen. Alles etwa 10 Minuten kochen lassen. Crème fraîche unterrühren und mit Salz, Pfeffer, Zitronensaft und Zucker abschmecken.

Pro Portion ca. 35 g Eiweiß, 23 g Fett, 14 g Kohlenhydrate = 1773 Joule (423 Kalorien)

●●●●●●●●●●●●●●●●●●●●●●●●●●

Unser Tip: Der Kohl sollte etwas »Biß« behalten. Deshalb dünsten Sie ihn nur bei milder Hitze und nicht zu lange. So schmeckt er besser und die Vitamine bleiben weitestgehend erhalten.

●●●●●●●●●●●●●●●●●●●●●●●●●●

Chinabeef mit Möhren
Zum Foto links

Für 4 Portionen:
600 g Beefsteak (2 dicke Scheiben)
4 El Sojasauce
8 El Sherry, 2 El Curry
4 Knoblauchzehen
500 g Möhren
250 g Frühlingszwiebeln
4 El Mangochutney
8 El Weißwein (oder Sherry)
2 El Öl, Salz
Sambal Oelek

1. Fleisch der Länge nach halbieren und dann in dünne Streifen schneiden. Sojasauce, Sherry und Curry verrühren. Knoblauch pellen, fein hakken und unterrühren. Die Marinade über das Fleisch gießen und durchziehen lassen.
2. Inzwischen Möhren und Frühlingszwiebeln putzen und waschen. Möhren in dünne, ca. 4 cm lange Stifte schneiden. Frühlingszwiebeln schräg in Ringe schneiden.
3. Mangochutney und Wein pürieren. Die Fleischstreifen auf einem Sieb abtropfen lassen, die Marinade auffangen. Das Öl in einer Pfanne sehr heiß werden lassen. Zuerst die Möhren darin unter Rühren 1 Minute braten und an den Pfannenrand schieben. Dann das Fleisch unter Rühren anbraten, mit den Möhren mischen und unter Rühren bei starker Hitze weiterbraten. Dann die Frühlingszwiebeln unterziehen.
4. Die Marinade mit dem Mangopüree verrühren, in die Pfanne gießen und bei starker Hitze kurz aufkochen. Das Gericht mit Salz und Sambal Oelek würzen und sofort servieren.
Dazu paßt Naturreis.

Pro Portion ca. 33 g Eiweiß, 18 g Fett, 22 g Kohlenhydrate = 1895 Joule (453 Kalorien)

...mit Fleisch

Roastbeef mit Erbsengemüse
Zum Foto oben

Für 4 Portionen:
250 g Zwiebeln
40 g Butter oder Margarine
450 g junge Erbsen (tiefgekühlt)
Salz, Pfeffer a. d. Mühle
2 Bund Basilikum
250 g Roastbeef (in dünnen Scheiben)

1. Die Zwiebeln pellen, halbieren und in dünne Scheiben schneiden.
2. Butter oder Margarine erhitzen, die Zwiebeln darin glasig dünsten.
3. Die Erbsen zugeben und heiß werden lassen, salzen und pfeffern.

4. Basilikum fein hacken. Dabei einige Blättchen zum Garnieren beiseite stellen. Gehacktes Basilikum unter die Erbsen mischen.
5. Erbsen und Roastbeef anrichten, mit Basilikumblättern garnieren.

Pro Portion ca. 21 g Eiweiß, 15 g Fett, 40 g Kohlenhydrate = 1339 Joule (319 Kalorien)

●●●●●●●●●●●●●●●●●●●●●●●●

Unser Tip: Tiefgekühlte Erbsen sind nicht nur praktisch, sie schmecken auch gut: Gleich nach der Ernte werden die Erbsen kurz blanchiert und sofort eingefroren. So wird verhindert, daß sie mehlig werden.

●●●●●●●●●●●●●●●●●●●●●●●●

Hähnchenbrustfilet mit Pfirsichsauce

Zum Foto oben

Für 4 Portionen:
2 Pfirsiche, 1 Zwiebel
30 g Butter oder Margarine
100 ccm Weißwein
100 ccm Schlagsahne
1 El Zitronensaft
Salz, Pfeffer a. d. Mühle
1 Prise Zucker, 1 Tl Curry
4 Hähnchenbrustfilets (600 g)
1 El Öl

1. Pfirsiche häuten und das Fleisch in Spalten vom Stein schneiden.
2. Zwiebel pellen, fein würfeln und im Fett glasig dünsten. Pfirsiche, Wein, Sahne zugeben und 10 Min. kochen.
3. Sauce mit Zitronensaft, Salz, Pfeffer, Zucker und Curry würzen. Einige Pfirsichspalten aus der Sauce nehmen, den Rest in der Sauce mit dem Schneidstab pürieren. Pfirsichspalten wieder in die Sauce geben.
4. Hähnchenfilets im heißen Öl anbraten, dann 8 Minuten weiterbraten, mit Salz und Pfeffer würzen.
5. Den Bratfond mit in die Sauce geben und abschmecken. Fleisch in Scheiben schneiden und mit der Sauce servieren. Dazu paßt Reis.

Pro Portion ca. 29 g Eiweiß, 15 g Fett, 14 g Kohlenhydrate = 1534 Joule (366 Kalorien)

Scharfe Hühnersuppe

Zum Foto links

Für 4–6 Portionen:
1 kg Hühnerklein
1 Bund Suppengrün, Salz
2 Lorbeerblätter
1 Msp. Curry, 1 Msp. Cayennepfeffer
2 Bund Frühlingszwiebeln
400 g Hähnchenbrustfilet, 1 Limette
1 El Koriandergrün, ersatzweise getrocknet (Cilantro)
2 El Kokosraspel

1. Das Hühnerklein mit gut 2½ l Wasser zum Kochen bringen, abschäumen und die Hitze herunterschalten. Suppengrün putzen, waschen und grob zerteilen und mit wenig Salz und Lorbeer in die Brühe geben. Die Brühe im offenen Topf gut 2 Stunden bei milder Hitze kochen lassen, dabei gelegentlich abschäumen.
2. Brühe durch ein Sieb gießen, mit Curry und Cayennepfeffer würzen.
3. Zwiebeln putzen, waschen und schräg in Scheiben schneiden. Hähnchenfilets mit Salz einreiben. Beides 10 Minuten in der Brühe garen.
4. Limette in Scheiben schneiden und mit dem Koriandergrün in den letzten 2 Minuten zugeben.
5. Filets herausnehmen, in Scheiben schneiden, auf Teller verteilen. Mit der heißen Suppe auffüllen und mit Kokosraspeln bestreuen.

Pro Portion (bei 6 Portionen) ca. 18 g Eiweiß, 4 g Fett, 7 g Kohlenhydrate = 573 Joule (137 Kalorien)

●●●●●●●●●●●●●●●●●●●●●●●

Unser Tip: Da es Koriandergrün nur wenige Wochen im Sommer zu kaufen gibt, empfiehlt es sich, Koriander selbst zu pflanzen: Keimfähige Koriandersamen werden wie heimische Kräuter gesät und können nach 6–8 Wochen geerntet werden.

●●●●●●●●●●●●●●●●●●●●●●●

Süß-saures Rindfleisch
Zum Foto oben

Für 4 Portionen:
500 g mageres Rindfleisch
400 g Paprikaschoten (rote und grüne)
2 Zwiebeln
4 El Öl
2 El Sojasauce (salzig)
¼ l Weißwein
1–2 Tl Zitronensaft
1 Tl Speisestärke
Salz
Pfeffer a. d. Mühle
1 Prise Zucker

1. Rindfleisch in ca. 1 cm breite Streifen schneiden. Paprikaschoten putzen, waschen, in Streifen schneiden. Zwiebeln pellen und fein würfeln.
2. Das Öl in einer Pfanne erhitzen, das Fleisch darin portionsweise kräftig braun anbraten und aus der Pfanne nehmen.
3. Paprika und Zwiebeln kurz im Bratfett glasig dünsten. Sojasauce mit Weißwein, knapp ¼ l Wasser, Zitronensaft und Speisestärke verrühren, zum Gemüse geben und einmal aufkochen lassen.
4. Das Rindfleisch dazugeben und mit wenig Salz, Pfeffer und Zucker abschmecken.
Dazu paßt Reis.

Pro Portion ca. 28 g Eiweiß, 22 g Fett, 8 g Kohlenhydrate = 1667 Joule (398 Kalorien)

Rinderfilet mit französischem Gemüsetopf
Zum Foto oben

Für 4 Portionen:
1 Gemüsezwiebel (ca. 200 g)
1–2 Zucchini (ca. 150 g)
1 Aubergine (ca. 250 g)
2 rote Paprikaschoten (ca. 300 g)
40 g Butter oder Margarine
1 Dose geschälte Tomaten (800 g EW)
Salz, Pfeffer, 1 Prise Zucker
1 El Kräuter der Provence
3 El Öl
500 g Rinderfilet
1 El gehackte Petersilie

1. Zwiebel pellen, halbieren, in Scheiben schneiden. Zucchini und Aubergine waschen, putzen, eventuell halbieren und in Scheiben schneiden.

2. Paprikaschoten vierteln, putzen, waschen und in mundgerechte Stücke schneiden. Die Gemüse in der Butter oder Margarine andünsten. Tomaten mit der Flüssigkeit zugeben, mit Salz, Pfeffer, Zucker und der Kräutermischung würzen und zugedeckt bei milder Hitze ca. 15 Minuten garen.
3. Das Öl erhitzen und das Rinderfilet darin von jeder Seite 10 Minuten braten. Filet mit Salz und Pfeffer würzen, in Alufolie wickeln und ca. 5 Minuten nachziehen lassen. Filet in Scheiben schneiden und mit dem Gemüse auf Tellern anrichten, mit Petersilie bestreuen.

Pro Portion ca. 29 g Eiweiß, 15 g Fett, 20 g Kohlenhydrate = 1453 Joule (346 Kalorien)

Fischfilet in Kapern-Senf-Sauce

Zum Foto links

Für 4 Portionen:
750 g Lengfischfilet
Salz
Pfeffer a. d. Mühle
2 El Zitronensaft
50 g Butter
30 g Kapern
2 El Senf
2 El Crème fraîche

1. Fisch kurz unter fließendem kalten Wasser abspülen, gut trockentupfen, mit Salz und Pfeffer würzen und mit Zitronensaft beträufeln.
2. Die Butter in einer Pfanne aufschäumen lassen und das Fischfilet darin bei sehr milder Hitze von jeder Seite 4–5 Minuten braten. Fisch vorsichtig aus der Pfanne nehmen und warm stellen.
3. Die Pfanne vom Herd nehmen. Erst die abgetropften Kapern, dann den Senf in die Butter rühren.
4. Die Sauce wieder kurz heiß werden lassen (nicht mehr kochen). Crème fraîche gleichmäßig unterrühren. Die Sauce sofort über das Fischfilet gießen und servieren.
Dazu paßt Dill-Kartoffel-Püree.

Pro Portion ca. 35 g Eiweiß, 15 g Fett, 2 g Kohlenhydrate = 1350 Joule (322 Kalorien)

●●●●●●●●●●●●●●●●●●●●●●●●●

Unser Tip: Der Lengfisch stammt aus der Kabeljau-Familie, ist reich an Eiweiß und besitzt zartes, bekömmliches Fleisch. Wer keinen Lengfisch bekommt, kann ihn durch Kabeljaufilet ersetzen.

●●●●●●●●●●●●●●●●●●●●●●●●●

...mit Fisch

Kabeljau mit Kräutersauce
Zum Foto oben

Für 4 Portionen:
1 Bund glatte Petersilie
1 Bund Dill
1 Zweig Thymian
1 Bund Basilikum
1–2 Knoblauchzehen
2 Zwiebeln
1–2 El Senf
2 Tl Zitronensaft
10 El Öl
Salz
Pfeffer a. d. Mühle
750 g Kabeljaufilet
1 Lorbeerblatt
1 Zitronenscheibe

1. Kräuter abspülen, trockentupfen und die Blättchen grob hacken. Knoblauch und Zwiebeln pellen, 1 Zwiebel würfeln, 1 Zwiebel vierteln.
2. Kräuter, Knoblauch, die gewürfelte Zwiebel, Senf, Zitronensaft und Öl mit dem Schneidstab pürieren, mit Salz und Pfeffer abschmecken.
3. Den Fisch in ½ l kochendes Wasser mit Lorbeer, Zwiebelvierteln, Zitronenscheibe, Salz und Pfeffer geben. Bei sehr milder Hitze darin zugedeckt 5–8 Minuten garen, dann herausnehmen und abtropfen lassen. Den Kabeljau mit der Kräutersauce servieren. Dazu passen Petersilienkartoffeln.

Pro Portion ca. 21 g Eiweiß, 25 g Fett, 4 g Kohlenhydrate = 1479 Joule (353 Kalorien)

Schellfischfilet mit Sellerie-Möhren-Gemüse

Zum Foto oben

Für 4 Portionen:
1 Staudensellerie (ca. 400 g)
375 g Möhren
60 g Butter oder Margarine
¼ l klare Brühe (Instant)
750 g Schellfischfilet
4 El Zitronensaft
Salz, Pfeffer a. d. Mühle
100 g Crème fraîche
2 El helles Saucenbindemittel
1 Bund glatte Petersilie

1. Sellerie und Möhren putzen, waschen und in Scheiben schneiden. 20 g Butter oder Margarine zerlassen. Zuerst die Möhren darin andünsten. Nach 5 Minuten den Sellerie zugeben und andünsten. Dann die Brühe zugießen und alles zugedeckt 5 Minuten leise kochen lassen.
2. Fisch mit 3 El Zitronensaft beträufeln, mit Salz und Pfeffer würzen und im restlichen Fett bei milder Hitze von jeder Seite 5–7 Min. braten.
3. Gemüse aus der Brühe nehmen und warm halten. Sud mit Crème fraîche verrühren. Saucenbindemittel einrühren, aufkochen, mit Salz, Pfeffer, Zitronensaft abschmecken und das Gemüse wieder in die Sauce geben.
4. Petersilie hacken, über das Gemüse streuen, mit dem Fisch servieren.

Pro Portion ca. 25 g Eiweiß, 23 g Fett, 17 g Kohlenhydrate = 1697 Joule (404 Kalorien)

Matjesfilets mit Gurkenrelish

Zum Foto links

Für 4 Portionen:
⅛ l Weißweinessig
50 g Zucker
75 g Zwiebeln
1 kleine Salatgurke (ca. 350 g)
1 Apfel
1 Stück Knollensellerie (ca. 100 g)
2 El Öl
Salz
Pfeffer a. d. Mühle
1 Bund Borretsch (ca. 6 große
Blätter)
4 Matjesfilets

1. Essig und Zucker einmal aufkochen. Zwiebeln pellen und fein würfeln. Gurke schälen, längs halbieren und die Kerne herausschaben. Gurke in feine Würfel schneiden. Apfel und Sellerie schälen. Das Kerngehäuse vom Apfel entfernen. Apfel und Sellerie ebenfalls würfeln.
2. Das Öl heiß werden lassen und die Zwiebeln darin glasig dünsten. Gurke, Apfel und Sellerie dazugeben und gut andünsten.
3. Essig-Zuckerlösung dazugießen und bei milder Hitze 5 Minuten kochen lassen. Gurkenrelish mit Salz und Pfeffer würzen. Borretsch abspülen, trockentupfen, grob hacken und unter das kalte Relish rühren.
4. Gurkenrelish mit Matjesfilets auf Tellern anrichten.
Neue Kartoffeln dazu reichen.

Pro Portion ca. 14 g Eiweiß, 23 g Fett, 20 g Kohlenhydrate = 1557 Joule (368 Kalorien)

Gefüllter Kabeljau

Zum Foto oben

Für 6 Portionen:
1 ganzer Kabeljau (ca. 1,8 kg)
Salz, Pfeffer a. d. Mühle
4 El Zitronensaft
3 Bund glatte Petersilie
1 El Senf, 2 El Öl
30 g Butter oder Margarine
1 Zwiebel
⅛ l Weißwein, ⅛ l Schlagsahne
1–2 El helles Saucenbindemittel

1. Kabeljau waschen, abtrocknen, salzen, pfeffern und mit 1 El Zitronensaft beträufeln.
2. Petersilie hacken, mit Senf, dem restlichen Zitronensaft, Salz, Pfeffer und Öl verrühren. Bis auf 1 El in den Kabeljau füllen. Öffnung mit Zahnstochern verschließen.
3. In einer Auflaufform Butter oder Margarine zerlassen. Zwiebel pellen, würfeln, darin glasig dünsten. Kabeljau darauflegen, Wein angießen, die Form mit Alufolie abdecken.
4. Fisch im vorgeheizten Backofen bei 200 Grad (Gas 3) 30–40 Min. garen.
5. Kabeljau herausnehmen und warm stellen. Sahne in den Sud geben und aufkochen, mit der restlichen Füllung, Pfeffer und Salz würzen und mit Saucenbindemittel binden.
6. Sauce über den Fisch geben und mit gehackter Petersilie bestreuen.

Pro Portion ca. 20 g Eiweiß, 14 g Fett, 6 g Kohlenhydrate = 1176 Joule (281 Kalorien)

Fischsuppe mit Fenchel
Zum Foto oben

Für 4 Portionen:
1 Knoblauchzehe
1 Zwiebel
1 Fenchelknolle (ca. 500 g)
1 El Öl
¼ l Weißwein
¼ l Gemüsebrühe (Instant)
2 Pakete Fischsuppe Marseille (tiefge-
kühlt)
50 g Nordseekrabben (tiefgekühlt)
abgeriebene Schale von ½ Zitrone
(unbehandelt)
6 El Crème fraîche

1. Knoblauch und Zwiebel pellen.
Fenchel putzen, das Fenchelgrün beiseite legen. Knoblauch, Zwiebel und
Fenchel fein hacken.
2. Öl erhitzen und das Gemüse darin
glasig dünsten. Wein, Gemüsebrühe
und ¾ l Wasser zugießen, zum Kochen bringen und zugedeckt 10 Minuten kochen lassen.
3. Die Fischsuppe und die Krabben in
den Sud geben, 5 Minuten mitkochen
lassen und mit Zitronenschale abschmecken.
4. Fenchelgrün fein hacken, mit der
Crème fraîche verrühren und auf die
Suppe geben.

Pro Portion ca. 7 g Eiweiß, 11 g Fett, 15 g Kohlenhydrate = 987 Joule (235 Kalorien)

Fischfilet
mit Gurken-Curry-Sauce
Zum Foto links

Für 4 Portionen:
1 Gemüsezwiebel (ca. 250 g)
1 kleine Salatgurke (ca. 500 g)
1 El Butter oder Margarine
1 El Curry
4 Fischfilets (ca. 500 g)
Salz, 1 El Mehl
3–4 El Öl
2 Becher Sahnejoghurt (à 150 g)
1 Limette

1. Gemüsezwiebel pellen, vierteln und in Scheiben schneiden. Gurke schälen, längs halbieren, entkernen und in Scheiben schneiden.
2. Butter oder Margarine zerlassen. Zwiebel und Gurke darin glasig dünsten. Curry darüberstäuben und unterrühren. Das Gemüse im geschlossenen Topf unter gelegentlichem Rühren 10 Minuten dünsten.
3. Fischfilets abspülen, trockentupfen, salzen und leicht mit Mehl bestäuben. Das Öl erhitzen und den Fisch darin von jeder Seite 5 Minuten braten.
4. Joghurt unter das Gemüse rühren, salzen und nicht mehr kochen lassen. Fisch mit der Sauce auf vorgewärmten Tellern anrichten. Limettenachtel dazulegen.
Dazu paßt Naturreis.

Pro Portion ca. 26 g Eiweiß, 20 g Fett, 12 g Kohlenhydrate = 1387 Joule (331 Kalorien)

●●●●●●●●●●●●●●●●●●●●●●●●●

Unser Tip: Wenn man Joghurt mit Curry erhitzt, kann der Joghurt eine leicht körnige Konsistenz bekommen. Das schadet dem Geschmack des Gerichtes überhaupt nicht.

●●●●●●●●●●●●●●●●●●●●●●●●●

Kräuter-Kabeljau mit Tomatensauce

Zum Foto oben

Für 4 Portionen:
4 Bund glatte Petersilie
30 g Kapern, 3 El Senf, 3 El Öl
Salz, Pfeffer a. d. Mühle
1 kg Kabeljaufilet (zwei gleich große Stücke)
2 Tl Zitronensaft
Fett für die Alufolie
1 kleine Dose Tomaten (425 g EW)

1. Petersilie und Kapern hacken, mit Senf, Öl, Salz, Pfeffer glatt rühren.
2. Fisch waschen, trockentupfen, mit Zitronensaft beträufeln und mit ⅔ der Kräuterpaste bestreichen. Die Fischstücke mit den bestrichenen Seiten aufeinanderlegen.
3. Den Fisch auf gefettete Alufolie (extra stark) legen. Die restliche Kräuterpaste auf die Oberfläche streichen, Folie locker zusammenkniffen.
4. Im vorgeheizten Backofen bei 200 Grad (Gas 3) 20–25 Min. garen.
5. Für die Sauce die Tomaten durch ein Sieb streichen, zum Kochen bringen, mit Salz und Pfeffer würzen.
Dazu passen Vollkornnudeln.

Pro Portion ca. 25 g Eiweiß, 7 g Fett, 8 g Kohlenhydrate = 984 Joule (235 Kalorien)

Gebratene Forellen mit Muskat

Zum Foto oben

Für 4 Portionen:
4 Forellen (küchenfertig, à ca. 300 g)
¼ l Weißweinessig
1 Flasche trockener Weißwein (0,7 l)
Salz, 1 Tl Pfefferkörner
3 Lorbeerblätter, 100 g Butter
Muskatnuß (frisch gerieben)

1. Forellen innen und außen vorsichtig waschen. Die Bauchlappen und die Flossen abschneiden. Forellen in ein flaches Gefäß legen. Essig aufkochen und über die Fische gießen.

2. Weißwein mit 1 l Wasser mischen und salzen. Pfefferkörner und Lorbeer zugeben und zum Kochen bringen. Hitze reduzieren und die Fische im Sud 5 Min. ziehen lassen, herausnehmen und abtropfen lassen.

3. Butter aufschäumen lassen und die Forellen darin bei milder Hitze von jeder Seite 4–5 Min. braten.

4. Forellen von jeder Seite mit Muskat bestäuben und servieren.

Dazu paßt Reis.

Pro Portion ca. 30 g Eiweiß, 25 g Fett, 0 g Kohlenhydrate = 1539 Joule (368 Kalorien)

Paprika-Eintopf
Zum Foto links

Für 6 Portionen:
800 g Rinderbrust
Salz
Pfeffer a. d. Mühle
1½ l Rindfleischbrühe (Instant)
250 g Möhren
500 g Kartoffeln
750 g Paprikaschoten (rote, grüne und gelbe)
250 g Porree
6 Tomaten
2 Bund glatte Petersilie
Rosenpaprikapulver

1. Fleisch salzen, pfeffern und in der kochenden Brühe ca. 1½–2 Stunden garen.

2. Möhren und Kartoffeln waschen und schälen. Möhren in Scheiben und Kartoffeln in Würfel schneiden. Die Paprikaschoten vierteln, putzen, waschen und in Stücke schneiden. Porree putzen, waschen und in Ringe schneiden.

3. Möhren, Kartoffeln und Paprika ca. 20 Min. in der Brühe garen. Nach 15 Min. den Porree zugeben.

4. Die Tomaten brühen, abschrecken, häuten, vierteln und die Kerne herausdrücken.

5. Fleisch aus der Brühe nehmen, Fett und Sehnen abschneiden. Fleisch würfeln und mit den Tomaten in den Eintopf geben.

6. Petersilie hacken. Eintopf mit Salz, Pfeffer und Paprikapulver abschmecken und mit Petersilie bestreuen.

Pro Portion ca. 21 g Eiweiß, 22 g Fett, 22 g Kohlenhydrate = 1625 Joule (387 Kalorien)

...mit Gemüse

Provenzalische Schmorgurken

Zum Foto oben

Für 4 Portionen:
2 Schmorgurken (ca. 1,5 kg)
500 g Tomaten
5 Zwiebeln, 2 El Öl
2 Knoblauchzehen
gut ⅛ l Schlagsahne
Salz, Pfeffer a. d. Mühle
frisches Basilikum
1 altbackenes Brötchen
100 g Tatar
200 g gemischtes Hackfleisch
1 Ei, 50 g Schafskäse

1. Gurken waschen, evtl. schälen, längs halbieren und die Kerne mit einem Löffel herausschaben.
2. Tomaten überbrühen, abschrecken, häuten, halbieren und die Kerne herausdrücken. 3 Zwiebeln pellen und würfeln. Öl erhitzen und die Zwiebelwürfel darin glasig dünsten. 1 Knoblauchzehe pellen, durchpressen, mit den Tomaten zu den Zwiebeln geben und kurz durchschmoren. Sahne dazugießen, mit Salz, Pfeffer und grob gehacktem Basilikum würzen.
3. Brötchen in Wasser einweichen. Restliche Zwiebeln pellen und fein würfeln. Zweite Knoblauchzehe pellen und durchpressen. Aus Tatar, Hack, Zwiebeln, Knoblauch, gut ausgedrücktem Brötchen, Ei und zerbröckeltem Schafskäse einen Teig kneten, mit Salz, Pfeffer, Basilikum würzen.
4. Den Fleischteig in die Schmorgurkenhälften füllen. Die Gurken in die Tomatensauce setzen und zugedeckt im vorgeheizten Backofen bei 200 Grad (Gas 3) 30 Minuten garen. Den Deckel abnehmen und weitere 15 Minuten überbacken.

Pro Portion ca. 25 g Eiweiß, 38 g Fett, 19 g Kohlenhydrate = 2314 Joule (551 Kalorien)

Mangoldrollen mit Schafskäse

Zum Foto unten

Für 4–6 Portionen:
1 Staude Mangold, Salz
500 g italienischer Spinat
2 Scheiben Toastbrot
1 Knoblauchzehe, 2 El Öl
2 Bund Basilikum
4 El Parmesan (frisch gerieben)
2 Eigelb, ¼ l Brühe (Instant)
1 Tl schwarzer Pfeffer (gestoßen)
Zitronensaft, 150 g Schafskäse
2 Tomaten

1. Stiele von den Mangoldblättern entfernen. Blätter kurz in kochendem Salzwasser blanchieren, abtropfen und abkühlen lassen.
2. Spinat verlesen, putzen, Blätter kurz in kochendem Salzwasser blanchieren, abtropfen lassen, hacken und leicht ausdrücken.
3. Brot entrinden und würfeln. Knoblauch pellen und durchpressen. Brot im Öl rösten, mit Knoblauch verrühren, abkühlen lassen, zerbröseln. Basilikum in Streifen schneiden.
4. Spinat mit Brot, Basilikum, Parmesan, Eigelb und Salz vermengen. Je 1 El davon auf den Stielansatz der Mangoldblätter geben. Blätter zusammenrollen, dabei die Ränder einschlagen.
5. Brühe zubereiten, auf Zimmertemperatur abkühlen lassen. Mangoldrollen dicht an dicht in einen Topf setzen, mit Brühe begießen, zugedeckt bei milder Hitze 20 Minuten garen, lauwarm abkühlen lassen.
6. Mangoldrollen mit Pfeffer und Zitronensaft würzen, mit zerbröckeltem Schafskäse bestreuen, mit Tomatenachteln garnieren.

Pro Portion (bei 6 Portionen) ca. 18 g Eiweiß, 12 g Fett, 12 g Kohlenhydrate = 1023 Joule (245 Kalorien)

...mit Gemüse

Kartoffel-Porree-Eintopf mit Lamm
Zum Foto oben

Für 4 Portionen:
1 kg Lammschulter
2 Knoblauchzehen
500 g Porree
500 g Kartoffeln (mehlig kochend)
Salz, weißer Pfeffer a.d. Mühle
2 Lorbeerblätter

1. Das Lammfleisch von den Knochen lösen und in ca. 3 cm große Würfel schneiden. Die Knochen in ½ l Wasser 10 Minuten auskochen.
2. Knoblauch pellen und durchpressen. Porree putzen, waschen und nur die weißen und hellgrünen Pflanzenteile in ca. 1 cm dicke Ringe schneiden. Kartoffeln waschen, schälen und würfeln.
3. Das Lammfleisch mit dem Knoblauch in einem Schmortopf ohne Fett so lange unter Wenden anbraten, bis das Fleisch leicht gebräunt und die Flüssigkeit verdampft ist. Mit Salz und Pfeffer würzen. ¼ l von der Lammbrühe dazugießen und das Fleisch zugedeckt bei milder Hitze 20 Minuten garen.
4. Dann Kartoffeln und Lorbeer zugeben, umrühren und weitere 10 Min. zugedeckt garen. Porree zugeben, weitere 15 Min. garen. Eventuell mit Pfeffer und Salz nachwürzen.

Pro Portion ca. 33 g Eiweiß, 25 g Fett, 21 g Kohlenhydrate = 1604 Joule (382 Kalorien)

Rosenkohl mit Käsekruste
Zum Foto oben

Für 4 Portionen:
1 kg Rosenkohl, Salz
40 g Butter oder Margarine
2 Scheiben Toastbrot, 50 g Gouda
50 g Emmentaler, 25 g Parmesan

1. Rosenkohl putzen, waschen, in möglichst wenig kochendem Salzwasser zugedeckt ca. 8 Minuten vorgaren und abgießen.
2. Butter oder Margarine zerlassen und mit etwas davon eine flache, ofenfeste Form auspinseln. Rosenkohl hineingeben.
3. Toastbrot entrinden und zerbröseln. Den Käse reiben. Brotkrumen und Käse mischen und über den Rosenkohl streuen. Restliche Butter oder Margarine darüber verteilen.
4. Rosenkohl im Backofen bei 225 Grad (Gas 4) 15–20 Min. überbacken. Kartoffelbrei dazu servieren.

Pro Portion ca. 17 g Eiweiß, 18 g Fett, 22 g Kohlenhydrate = 1451 Joule (345 Kalorien)

●●●●●●●●●●●●●●●●●●●●●●●●●●●●

Unser Tip: Rosenkohl, reich an Ballaststoffen wie alle Kohlsorten, ist dennoch zarter als seine größeren Verwandten. Damit er seinen Vitamin-C-Gehalt nicht verliert, sollte er gleich nach der Ernte (die Röschen sind dann grün und verschlossen) verwendet werden.

●●●●●●●●●●●●●●●●●●●●●●●●●●●●

123

Spargel mit Frischkäsesauce

Zum Foto links

Für 4 Portionen:
2 kg Spargel
10 g Butter
Zucker
Salz
150 g Frischkäse
2 Eigelb
200 g saure Sahne
1–2 Tl Zitronensaft
2 Bund Basilikum

1. Den Spargel waschen, schälen und die Endstücke abschneiden. Den Spargel mit Butter und 1 Prise Zucker in möglichst wenig kochendem Salzwasser 15–20 Minuten garen.

2. Inzwischen für die Sauce den Frischkäse mit Eigelb, saurer Sahne und dem Zitronensaft verrühren. Basilikum abspülen, trockentupfen, die Blättchen fein hacken und unter die Frischkäsesauce ziehen.

3. Den Spargel gut abtropfen lassen, auf einer Platte anrichten und mit der Sauce servieren.

Dazu passen neue Kartoffeln.

Pro Portion ca. 15 g Eiweiß, 20 g Fett, 14 g Kohlenhydrate = 1341 Joule (320 Kalorien)

●●●●●●●●●●●●●●●●●●●●●●●

Unser Tip: Mit 20 Kalorien pro 100 g ist Spargel ein ideales Gemüse zum Abnehmen. Und mehr: seine Inhaltsstoffe Asparagin- und Glutaminsäure binden Giftstoffe und entschlacken so den Körper auf natürliche Weise.

●●●●●●●●●●●●●●●●●●●●●●●

...mit Gemüse

Kalte Porreestangen mit Kapernsauce
Zum Foto oben

Für 4 Portionen:
1,5 kg Porree (mittelstark), Salz
3 Eier (Gew.-Kl. 2), 2 Eigelb
2 Tl Senf (mittelscharf)
1 El Zitronensaft
1 Becher Sahnejoghurt (150 g)
Pfeffer a. d. Mühle, Zucker
50 g kleine Kapern
1 Bund Schnittlauch
1 Bund glatte Petersilie
4 Stiele Basilikum

1. Porree putzen, nur die weißen und hellgrünen Teile gründlich waschen. Porreestangen in kochendem Salzwasser bei milder Hitze zugedeckt 10–12 Minuten garen, herausnehmen, abtropfen und abkühlen lassen.
2. Eier hart kochen, abschrecken und pellen. Eiweiß fein hacken. Eigelb durch ein Haarsieb streichen, mit dem rohen Eigelb, Senf, Zitronensaft und Joghurt verrühren, mit Salz, Pfeffer, Zucker abschmecken.
3. Ein paar Kapern beiseite legen. Den Rest hacken. Kräuter hacken. Gehackte Kapern und die Hälfte der Kräuter unter die Sauce rühren.
4. Porree auf einer Platte anrichten, mit der Sauce übergießen, mit gehacktem Eiweiß, Kapern und den restlichen Kräutern bestreuen.

Pro Portion ca. 16 g Eiweiß, 13 g Fett, 20 g Kohlenhydrate = 1092 Joule (260 Kalorien)

Bulgarische Porreesuppe
Zum Foto oben

Für 4 Portionen:
1 kg Porree, 100 g Zwiebeln
1 Knoblauchzehe, Salz
100 g durchwachsener Räucherspeck
500 g Kartoffeln (mehlig kochend)
4 gestr. El Rindersuppenpaste
1 El Öl
1 Bund glatte Petersilie
1 Bund Thymian
1 Becher Sahnejoghurt (150 g)
2 Eigelb, 2 El Zitronensaft
Pfeffer a. d. Mühle, Muskat

1. Porree putzen, waschen, die weißen und hellgrünen Teile in Ringe schneiden. Zwiebeln und Knoblauch pellen, Zwiebeln würfeln, Knoblauch auf Salz zerdrücken.
2. Speck würfeln. Kartoffeln schälen und in dünne Scheiben schneiden. Die Rindersuppenpaste in 1½ l heißem Wasser auflösen.
3. Zwiebeln, Knoblauch und Speck im Öl glasig dünsten. Porree, Kartoffeln und Brühe zugeben, zugedeckt 20–25 Min. bei milder Hitze garen.
4. Kräuter hacken. Joghurt, Eigelb und Zitronensaft verrühren, unter die kochende Brühe rühren, nicht mehr kochen lassen.
5. Suppe mit Kräutern, Salz, Pfeffer und Muskat würzen.

Pro Portion ca. 16 g Eiweiß, 28 g Fett, 30 g Kohlenhydrate = 1756 Joule (418 Kalorien)

Kartoffelgratin mit Liebstöckel

Zum Foto oben

Für 4 Portionen:
500 g Kartoffeln
Salz
200 ccm Schlagsahne
1 El Liebstöckel (zerzupft) oder
Petersilie
30 g Butter oder Margarine
50 g Gruyère oder junger Gouda

1. Die Kartoffeln waschen, in kochendem Salzwasser 15 Minuten vorgaren, pellen, abkühlen lassen und in Scheiben schneiden.
2. Die Kartoffelscheiben dachziegelartig in eine flache Gratinform schichten und mit der Sahne begießen. Liebstöckel darüberstreuen. Butter oder Margarine in Flöckchen darüber verteilen. Den Käse fein raspeln und über die Kartoffeln streuen.
3. Den Gratin bei 175 Grad (Gas 2) auf der untersten Einschubleiste 40–45 Minuten backen.
Den Kartoffelgratin mit kurzgebratenem Fleisch servieren.

Pro Portion ca. 6 g Eiweiß, 26 g Fett, 16 g Kohlenhydrate = 1386 Joule (330 Kalorien)

Bohneneintopf
Zum Foto oben

Für 6–8 Portionen:
600 g Schnitzelfleisch
Salz, Pfeffer a. d. Mühle
20 g Butterschmalz
1½ l Brühe (Instant)
250 g grüne Bohnen, 250 g Möhren
1 Dose weiße Bohnen (800 g Abtropf-gewicht)
1 Dose rote Bohnen (420 g Abtropf-gewicht)
1 Bund glatte Petersilie
1–2 Tl Bohnenkraut (getrocknet)

1. Fleisch salzen, pfeffern und im heißen Butterschmalz braun anbraten.
2. Brühe zugießen und das Fleisch darin 60–70 Minuten garen.

3. Grüne Bohnen waschen, putzen, in Stücke schneiden. Möhren waschen, schälen und in Scheiben schneiden. Beides nach 40 Minuten zum Fleisch geben.
4. Weiße und rote Bohnen im Sieb unter fließendem kalten Wasser abspülen, zum Fleisch geben und 10 Minuten in der Brühe erhitzen.
5. Fleisch aus dem Topf nehmen, würfeln und wieder in den Topf geben.
6. Petersilie fein hacken. Eintopf mit Salz, Pfeffer und Bohnenkraut herzhaft würzen und mit der gehackten Petersilie bestreuen.

Pro Portion (bei 8 Portionen) ca. 32 g Eiweiß, 8 g Fett, 47 g Kohlenhydrate = 1722 Joule (414 Kalorien)

Chinesische Sojasprossenpfanne
Zum Foto links

Für 4 Portionen:
6 El Sojasauce
6 El trockener Sherry
8 El Weißwein, 1 Knoblauchzehe
1 Stück Ingwerwurzel (nußgroß)
375 g Sojasprossen
300 g Weißkohl, 300 g Porree
1 Staudensellerie
30 g Kokosfett (ungehärtet)
½ El Pfeilwurzmehl (aus dem Reformhaus)
2 El Sesamöl
30 g Erdnußkerne (geröstet)
Vollmeersalz

1. Sojasauce, Sherry und Weißwein mischen. Knoblauchzehe und Ingwer schälen und beides in die Marinade pressen. Sojasprossen verlesen, waschen, abtropfen lassen und in die Marinade geben.
2. Weißkohl putzen, waschen und in feine Streifen schneiden. Porree putzen, waschen und schräg in Scheiben schneiden. Die äußeren Stengel vom Staudensellerie entfernen. Sellerieherz putzen, waschen und in Scheiben schneiden. Grün grob zerzupfen.
3. Fett in einer großen Pfanne erhitzen. Zuerst den Kohl 1 Minute unter Rühren braten. Dann Porree und Sellerie zugeben und ebenfalls 1 Minute unter Rühren braten. Sojasprossen abtropfen lassen, mit dem Selleriegrün unterheben, kurz erhitzen.
4. Pfeilwurzmehl in der Marinade auflösen, zugießen und einmal aufkochen. Gemüse mit Sesamöl und den Erdnüssen würzen, evtl. mit Salz abschmecken.
Naturreis dazu servieren.

Pro Portion ca. 12 g Eiweiß, 17 g Fett, 14 g Kohlenhydrate = 1368 Joule (327 Kalorien)

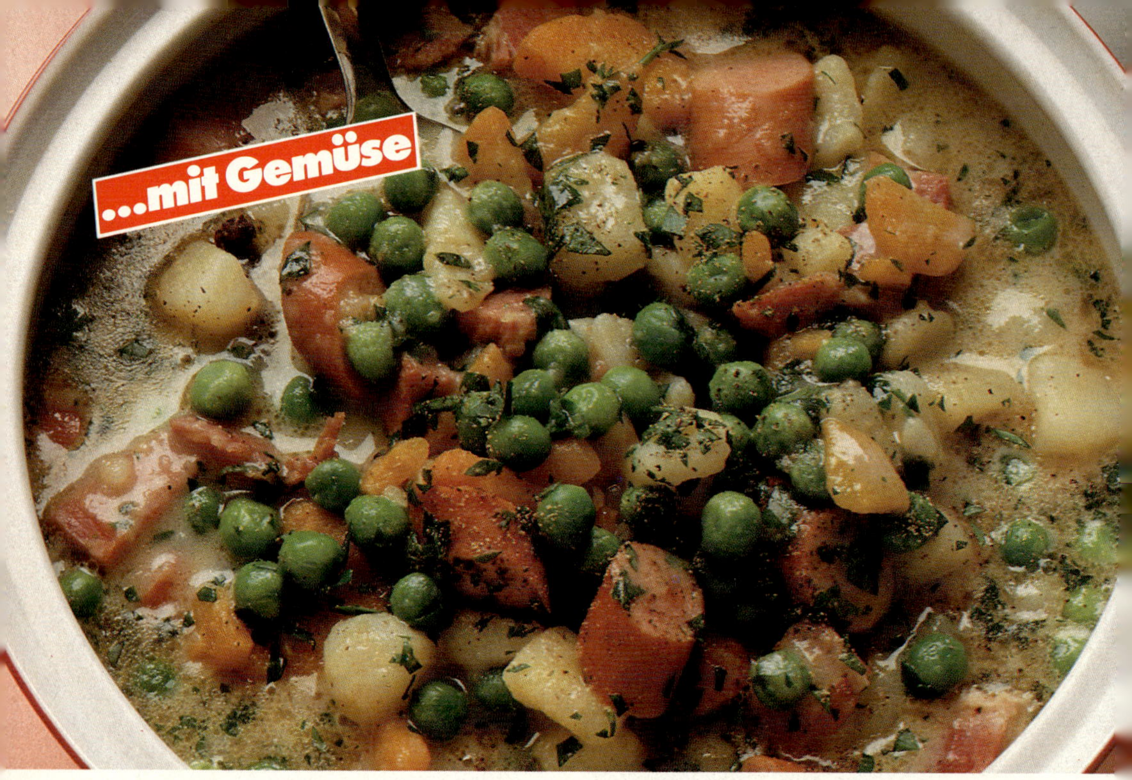
...mit Gemüse

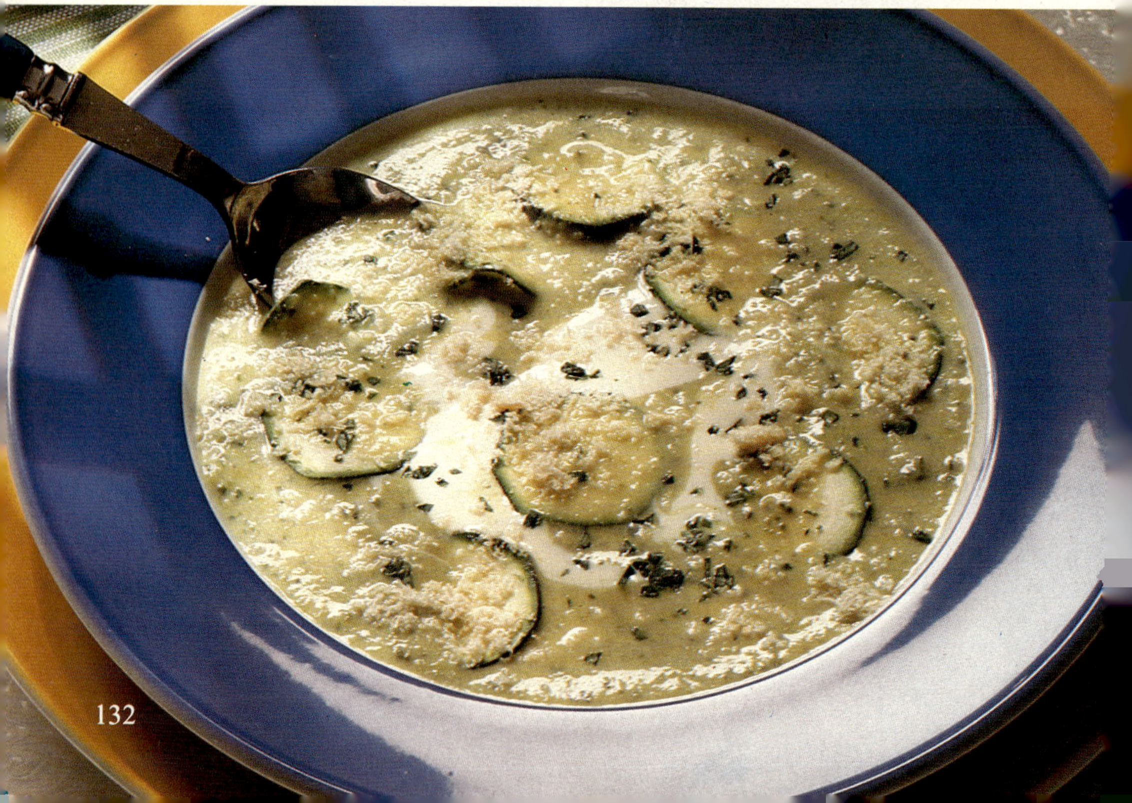

Erbsen-Möhren-Eintopf

Zum Foto oben

Für 4–6 Portionen:
1 kg Schinkenknochen (mit Fett
und Fleisch)
1 Bund glatte Petersilie
2 Tl schwarze Pfefferkörner
2 Lorbeerblätter
Rosmarin
500 g Kartoffeln
250 g Möhren
3 Wiener Würstchen (ca. 180 g)
100 ccm Schlagsahne
300 g Erbsen (tiefgekühlt)
Pfeffer a. d. Mühle, Zucker

1. Schinkenknochen über Nacht wässern. Fett vom Schinken lösen, in Streifen schneiden, auslassen und den Knochen darin anbraten.
2. Von der Petersilie die Blättchen abzupfen und hacken. Die Stiele zusammenbinden, mit Pfefferkörnern, Lorbeerblättern und Rosmarin in den Topf geben, mit 1 l Wasser ablöschen und bei mittlerer Hitze 40–50 Minuten kochen lassen.
3. Inzwischen Kartoffeln schälen und würfeln. Möhren waschen, schälen, längs halbieren und in Scheiben schneiden.
4. Die Brühe durch ein Sieb gießen. Kartoffeln und Möhren 25 Minuten darin garen.
5. Das Fleisch von den Knochen lösen und kleinschneiden. Würstchen in Scheiben schneiden.
6. Sahne, Fleisch und Wurst in die Brühe geben. Erbsen zugeben und einmal aufkochen. Eintopf mit Pfeffer und Zucker abschmecken und mit der gehackten Petersilie bestreuen.

Pro Portion (bei 6 Portionen) ca. 13 g Eiweiß, 34 g Fett, 28 g Kohlenhydrate = 2100 Joule (500 Kalorien)

Zucchinisuppe

Zum Foto unten

Für 4 Portionen:
4 Zucchini (ca. 500 g)
2 Zwiebeln
30 g Butter oder Margarine
½ l Brühe (Instant)
200 g Crème fraîche
Salz
Pfeffer a. d. Mühle
1 Bund Petersilie
50 g Parmesan (frisch gerieben)

1. Die Zucchini putzen und waschen. 1 Zucchini in dünne Scheiben schneiden und beiseite legen. Die anderen Zucchini würfeln. Zwiebeln pellen und würfeln.
2. Butter oder Margarine in einem Topf zerlassen und die Zwiebeln darin glasig dünsten. Zucchiniwürfel zugeben und andünsten. Brühe und die Hälfte der Crème fraîche zugießen und 10 Minuten kochen lassen.
3. Die Suppe mit dem Schneidstab pürieren und kräftig mit Salz und frisch gemahlenem Pfeffer würzen.
4. Zucchinischeiben in die Suppe geben und 2 Min. darin kochen lassen. Petersilie hacken und mit dem geriebenen Parmesan und der restlichen Crème fraîche auf die Suppe geben.

Pro Portion ca. 8 g Eiweiß, 31 g Fett, 15 g Kohlenhydrate = 1636 Joule (391 Kalorien)

...mit Gemüse

Bunte Gemüsesuppe
mit Geflügel und Pilzen
Zum Foto oben

Für 4 Portionen:
1 Tüte getrocknete Steinpilze (25 g)
500 g gemischte Gemüse (tiefgekühlt)
20 g Butter oder Margarine
1 l Hühnerbrühe (Instant)
500 g Putenbrustfilet
25 g Glasnudeln
4–6 El Sojasauce
Salz
Pfeffer a. d. Mühle
Cayennepfeffer
4–5 El Weißwein

1. Die Steinpilze kurz in ⅛ l lauwarmem Wasser einweichen.
2. Das Gemüse in Butter oder Margarine unter Wenden andünsten. Dann die Hühnerbrühe und die Pilze mit dem Einweichwasser dazugeben. Alles bei milder Hitze ca. 20 Minuten kochen lassen.
3. Putenbrust in Würfel schneiden, nach 10 Minuten zusammen mit den Glasnudeln in die Suppe geben.
4. Suppe mit Sojasauce, wenig Salz, Pfeffer, einer Prise Cayennepfeffer und dem Weißwein abschmecken.

Pro Portion ca. 37 g Fett, 7 g Eiweiß, 15 g Kohlenhydrate = 1257 Joule (300 Kalorien)

Überbackene Zucchini im Tomatenbett

Zum Foto oben

Für 4 Portionen:
1 Zwiebel, 750 g Tomaten
1 Bund Basilikum
500 g Zucchini, 100 g Butter
Salz, Pfeffer a. d. Mühle
2 El Semmelbrösel
4 El Schnittlauchröllchen
etwas Zitronenmelisse (gehackt)
2 El Parmesan (frisch gerieben)
3 El Schlagsahne

1. Zwiebel schälen und fein würfeln. Tomaten enthäuten, entkernen und vierteln. Basilikum hacken. Zucchini putzen, waschen, längs halbieren.
2. 50 g Butter in einer feuerfesten Form erhitzen, Zwiebel darin glasig dünsten. Tomaten andünsten. Basilikum zugeben, salzen, pfeffern.
3. Zucchini auf die Tomaten setzen und mit Salz und Pfeffer würzen.
4. Restliche Butter, Semmelbrösel, Kräuter, Parmesan und Sahne verrühren, salzen, auf die Zucchinihälften streichen. Zucchini im vorgeheizten Backofen bei 225 Grad (Gas 4) ca. 30 Minuten überbacken.

Pro Portion ca. 5 g Eiweiß, 25 g Fett, 19 g Kohlenhydrate = 1397 Joule (344 Kalorien)

135

...mit Gemüse

Antipasti-Platte
Zum Foto links

Für 6 Portionen:
375 g Paprikaschoten (möglichst gemischt)
375 g Champignons
5 El Öl
Salz
Pfeffer a. d. Mühle
250 g Zucchini
4 El Rotweinessig
½ Tl Oregano (getrocknet)
⅛ l Olivenöl
3 Lorbeerblätter
½ Bund glatte Petersilie

1. Paprikaschoten vierteln, entkernen, waschen und mit der Hautseite nach oben auf ein Backblech drücken. Im vorgeheizten Backofen bei 250 Grad (Gas 5–6) auf der mittleren Einschubleiste 15–20 Minuten backen, bis die Haut dunkel ist und Blasen wirft.
2. Die Schoten kurz mit einem feuchten Tuch bedecken, dann häuten.
3. Champignons putzen, waschen, trockentupfen und in 3 El Öl ringsum braun braten. Pilze mit Salz und Pfeffer würzen.
4. Zucchini putzen, waschen, längs in Scheiben schneiden und in 2 El Öl von beiden Seiten goldbraun braten. Mit Salz und Pfeffer würzen.
5. Aus Essig, Salz, Pfeffer, Oregano und Olivenöl eine Sauce rühren. Die Gemüse zusammen mit dem Lorbeer und der von den Stielen gezupften Petersilie auf einer Platte anrichten, mit der Sauce beträufeln und ca. 1 Stunde durchziehen lassen.
Baguette dazu servieren.

Pro Portion ca. 2 g Eiweiß, 29 g Fett, 6 g Kohlenhydrate = 1308 Joule (312 Kalorien)

...mit Gemüse

Fenchelauflauf mit Zitronenkruste
Zum Foto oben

Für 4 Portionen:
1 kg Fenchel
2 Zwiebeln
6 El Olivenöl
1 Tl Fenchelkörner
Salz
Pfeffer a. d. Mühle
1 große Dose geschälte Tomaten
(800 g EW)
1 Knoblauchzehe
2 Bund glatte Petersilie
abgeriebene Schale von 2 unbe-
handelten Zitronen
100 g Semmelbrösel

1. Fenchel putzen, waschen, vierteln und in Streifen schneiden. Fenchelgrün beiseite legen. Zwiebeln pellen und hacken.
2. Fenchel und Zwiebeln in 1 El Öl andünsten. Fenchelkörner, Salz und Pfeffer zugeben und im geschlossenen Topf 10 Minuten dünsten. Tomaten mit dem Saft zugeben und im offenen Topf kräftig 10 Minuten einkochen lassen.
3. Knoblauch pellen und zusammen mit der Petersilie und dem Fenchelgrün fein hacken und mit Zitronenschale, Semmelbröseln, dem restlichen Öl und Salz mischen.
4. Das Fenchelgemüse abschmecken und in eine flache Gratinform füllen. Die Bröselmasse darüberstreichen. Das Fenchelgemüse im vorgeheizten Backofen bei 225 Grad (Gas 4) 20 Minuten überbacken.

Pro Portion ca. 12 g Eiweiß, 16 g Fett, 50 g Kohlenhydrate = 1653 Joule (395 Kalorien)

Chinakohlrouladen mit Hähnchenfüllung
Zum Foto unten

Für 6 Portionen:
1 kg Chinakohl, Salz
500 g Möhren
500 g Hähnchenbrustfilet
200 g Frühlingszwiebeln
1 Ei, 3–4 El Sojasauce
Pfeffer a. d. Mühle, 6 El Öl
300 g Erbsen (tiefgekühlt)
200 ccm Schlagsahne

1. Die 12 größten Kohlblätter ablösen, waschen, nacheinander in kochendem Salzwasser 2–3 Minuten blanchieren, herausnehmen und auf einem Geschirrtuch ausbreiten. Die Blattrippen flachschneiden.
2. Restlichen Kohl in Streifen schneiden. Möhren waschen, schälen, in feine Scheiben schneiden. Fleisch in dünne Streifen schneiden. Frühlingszwiebeln putzen, waschen, in feine Ringe schneiden.
3. Fleisch und Zwiebeln mit Ei, 3 El Sojasauce, Salz und Pfeffer mischen, auf die Kohlblätter verteilen. Blätter zusammenrollen, dabei die Seiten einschlagen und das Ende mit Zahnstochern feststecken.
4. Rouladen im Schmortopf in 4 El heißem Öl scharf anbraten, dann zugedeckt auf der untersten Einschubleiste des Backofens bei 225 Grad (Gas 4) 15–20 Minuten schmoren.
5. Möhren und Kohlstreifen im restlichen Öl 5–6 Min. andünsten, mit Salz und Pfeffer würzen und zugedeckt 6–7 Minuten garen. Erbsen unterrühren und erhitzen.
6. Rouladen herausnehmen. Sahne in den Sud gießen, einkochen und mit Sojasauce abschmecken.

Pro Portion ca. 30 g Eiweiß, 21 g Fett, 18 g Kohlenhydrate = 1696 Joule (416 Kalorien)

...mit Gemüse

Sauerkrauteintopf
Zum Foto oben

Für 4–6 Portionen:
20 g getrocknete Steinpilze
700 g gepökelte Ochsenbrust
1 Dose Sauerkraut (770 g
Abtropfgewicht)
5 Wacholderbeeren
Pfeffer a. d. Mühle
1 Becher saure Sahne (150 g)
Salz, 1 El Zucker
½ Bund glatte Petersilie

1. Getrocknete Steinpilze kurz kalt abbrausen, dann 15 Minuten in 1½ l kaltem Wasser einweichen.
2. Ochsenbrust mit Pilzen im Einweichwasser ca. 1½–2 Stunden garen.
3. Sauerkraut in einem Geschirrtuch gut ausdrücken. Kraut und Wacholderbeeren zum Fleisch geben, pfeffern und 15–20 Minuten garen.

4. Fleisch aus dem Topf nehmen und würfeln. Die Hälfte der sauren Sahne in den Eintopf rühren, mit Salz, Pfeffer und Zucker abschmecken. Das Fleisch wieder zugeben.
5. Petersilie grob hacken und über den Eintopf streuen. Die restliche saure Sahne dazu servieren.

Pro Portion (bei 6 Portionen) ca. 19 g Eiweiß, 33 g Fett, 9 g Kohlenhydrate = 1806 Joule (432 Kalorien)

●●●●●●●●●●●●●●●●●●●●●●●●

Unser Tip: Mit seinem hohen Gehalt an Milchsäure wirkt Sauerkraut stoffwechselbelebend und entschlackend. Außerdem entsteht bei der Säuerung Vitamin B 12, das sonst nur in tierischen Lebensmitteln vorkommt.

●●●●●●●●●●●●●●●●●●●●●●●●

Paprikaschoten mit karamelisierter Tomatensauce
Zum Foto oben

Für 4 Portionen:
4 Paprikaschoten (rote oder grüne)
1 altbackenes Brötchen
250 g gemischtes Hackfleisch
2 Eier, 3 El Schlagsahne
Paprikapulver (edelsüß)
Kümmel
Pfeffer a.d. Mühle, Salz
1 Zwiebel
1 El Butter oder Margarine
1 El Zucker
1 kleine Dose geschälte Tomaten
(400 g EW)
2 El Crème fraîche

1. Paprikaschoten längs halbieren, aushöhlen, waschen, trockentupfen.
2. Das Brötchen in Wasser einwei-chen, danach gut ausdrücken und etwas zerzupfen.
3. Hackfleisch mit Brötchen, Eiern, Sahne und den Gewürzen verkneten, in vier Paprikahälften füllen, die vier anderen Hälften daraufsetzen.
4. Zwiebel pellen, hacken, in der Butter oder Margarine glasig dünsten. Zucker darüberstreuen und hellbraun karamelisieren lassen. Tomaten mit dem Saft zugeben. Paprikaschoten in die Tomatensauce setzen, zugedeckt ca. 45 Minuten schmoren.
5. Die Paprikaschoten herausnehmen, warm stellen. Die Sauce mit dem Schneidstab pürieren, die Crème fraîche unterziehen und noch einmal mit Salz und Pfeffer abschmecken. Dazu paßt Kartoffelpüree.

Pro Portion ca. 21 g Eiweiß, 14 g Fett, 19 g Kohlenhydrate = 1624 Joule (388 Kalorien)

Porree-Kartoffel-Gratin
Zum Foto links

Für 4 Portionen:
500 g Porree
500 g Kartoffeln (festkochend)
100 g Gorgonzola (oder anderer
Blauschimmelkäse)
100 g Joghurt (zimmerwarm)
2 El Schlagsahne (zimmerwarm)
20 g Butter oder Margarine
Salz
weißer Pfeffer a. d. Mühle
30 g Semmelbrösel

1. Porree putzen und waschen. Die weißen und hellgrünen Blattanteile in 1 cm dicke Scheiben schneiden. Kartoffeln waschen, schälen und längs in dünne Scheiben schneiden.

2. Gorgonzola ohne Rinde durch ein Sieb streichen und mit Joghurt und Sahne verrühren.

3. Eine Gratinform mit Butter oder Margarine ausfetten. Kartoffel- und Porreescheiben abwechselnd dachziegelartig und dicht an dicht in die Gratinform schichten, leicht salzen und pfeffern. Die Gorgonzolacreme obenauf gießen und den Gratin mit Semmelbröseln bestreuen.

4. Den Gratin auf der mittleren Einschubleiste im nicht vorgeheizten Backofen bei 200 Grad (Gas 3) 35–40 Minuten garen, bis die Kruste goldbraun ist.

Er paßt als Beilage zu allem Kurzgebratenen.

Pro Portion ca. 14 g Eiweiß, 17 g Fett, 27 g Kohlenhydrate = 1347 Joule (321 Kalorien)

144

Spargel und Zuckerschoten mit Kerbelmayonnaise

Zum Foto oben

Für 4 Portionen:
1 kg Spargel
etwa 30 g Butter
Salz, Zucker
Pfeffer a. d. Mühle
250–300 g Zuckerschoten
1 Handvoll frischer Kerbel
2 Eigelb, 2 Tl Zitronensaft
2 El trockener Weißwein
75 ccm Traubenkernöl

1. Spargel waschen, schälen und die Endstücke abschneiden. Den Spargel tropfnaß in einen breiten Topf (mit gut verschließbarem Deckel) legen. 4 El Wasser zugeben, 20 g Butter in Flöckchen auf dem Spargel verteilen, mit Salz, 1 Prise Zucker und wenig Pfeffer würzen und zugedeckt 17–20 Minuten garen. Wenn nötig, noch etwas Wasser zugeben.
2. Zuckerschoten waschen und abfädeln. Wenig Salzwasser in einem breiten, gut schließenden Topf erhitzen. Zuckerschoten mit der restlichen Butter, 1 Prise Zucker und wenig Pfeffer darin 4–6 Minuten garen. 5 Zuckerschoten nach 2 Minuten herausnehmen, abkühlen lassen, würfeln und beiseite stellen.
3. Kerbelblättchen grob hacken. Eigelb, Zitronensaft und Weißwein verrühren, mit Pfeffer, Salz und 1 Prise Zucker würzen. Traubenkernöl erst tropfenweise, dann in dünnem Strahl unterrühren. Kerbel unterziehen.
4. Spargel und Zuckerschoten auf Tellern anrichten, mit der Mayonnaise begießen und mit den gewürfelten Zuckerschoten bestreuen.

Pro Portion ca. 7 g Eiweiß, 28 g Fett, 14 g Kohlenhydrate = 1508 Joule (359 Kalorien)

Frische Suppe

Zum Foto unten

Für 8 Portionen:
1 Stück Sellerie (ca. 150 g)
3 Möhren (ca. 125 g)
1 Kohlrabi (ca. 250 g)
2 Porreestangen (ca. 500 g)
125 g grüne Bohnen
1 Blumenkohl (ca. 800 g)
2 l Rinderbrühe (Instant)
65 g Butter
125 g Mehl
Salz, Zucker
3 Eier (Gew.-Kl. 2)
Pfeffer a. d. Mühle
1 Bund glatte Petersilie

1. Gemüse putzen und waschen. Sellerie würfeln, Möhren in Scheiben, Kohlrabi in Stifte und Porree in Ringe schneiden. Bohnen halbieren. Blumenkohl in Röschen teilen.
2. Brühe aufkochen. Gemüse darin zugedeckt 15–20 Minuten garen.
3. Inzwischen für die Klößchen ¼ l Wasser mit Butter aufkochen. Mehl, etwas Salz, 1 Prise Zucker zugeben. So lange rühren, bis sich die Masse als Kloß vom Boden löst. Den Topf vom Herd nehmen. Nach und nach die Eier unter den Teig rühren und kalt werden lassen.
4. Mit zwei Teelöffeln 30 Klößchen vom Teig abstechen, in leise kochendem Salzwasser 10 Minuten garen, mit der Schaumkelle herausnehmen und in die Suppe geben.
5. Die Suppe mit Salz und Pfeffer abschmecken und mit gehackter Petersilie bestreuen.

Pro Portion ca. 14 g Eiweiß, 20 g Fett, 28 g Kohlenhydrate = 1565 Joule (374 Kalorien)

Sojasprossengemüse mit Senfsauce

Zum Foto oben

Für 4 Portionen:
150 g Zwiebeln, 30 g Butter
1 Knoblauchzehe, Vollmeersalz
250 g Möhren, 1 Tl Honig
150 ccm Schlagsahne
50 g Crème fraîche
1 El Senf (mittelscharf)
375 g Sojasprossen
1 Tl Koriander (gestoßen)
Pfeffer a. d. Mühle
3 Tabletts Kresse

1. Zwiebeln pellen, in schmale Längs-streifen schneiden und in der Butter andünsten. Mit dem gepellten, durch-gepreßten Knoblauch und Salz wür-zen. 6 El Wasser zugeben, zugedeckt bei milder Hitze 10 Min. dünsten.

2. Möhren waschen, schälen und in Streifen schneiden. Möhren und Ho-nig zu den Zwiebeln geben und 5 Mi-nuten zugedeckt dünsten.

3. Nebenbei Sahne und Crème fraîche im offenen Topf cremig einkochen, mit Senf und Salz würzen und warm halten.

4. Sojasprossen verlesen, waschen, zum Zwiebelgemüse geben und heiß werden lassen. Mit Koriander, Pfeffer und der Kresse von zwei Tabletts wür-zen. Mit der Senfsauce servieren und mit der restlichen Kresse bestreuen. Dazu passen Pellkartoffeln.

Pro Portion ca. 9 g Eiweiß, 25 g Fett, 17 g Koh-lenhydrate = 1666 Joule (398 Kalorien)

Gemüsesuppe mit Grünkern

Zum Foto oben

Für 4 Portionen:
125 g Grünkern (ganze Körner)
1½ l Gemüsebrühe
200 g Möhren
250 g Kohlrabi
250 g Spargel
100 g Zuckerschoten
150 g Erbsen (aus 500 g brutto)
1 Handvoll Spinatblätter
2 Frühlingszwiebeln
1 Tablett Kresse
Salz

1. Den Grünkern über Nacht einweichen, dann im Sieb durchspülen.
2. Brühe mit dem Grünkern langsam zum Kochen bringen.
3. Möhren, Kohlrabi und Spargel waschen und schälen. Möhren schräg in Scheiben, Kohlrabi in dünne Scheiben und Spargel schräg in Stücke schneiden.
4. Nach 30 Minuten Möhren, Kohlrabi und Spargel in die Suppe geben und leise kochen lassen.
5. Zuckerschoten waschen und abfädeln. Schoten mit Erbsen, gewaschenem Spinat und fein geschnittenen Frühlingszwiebeln nach 10 Minuten in die Suppe geben und 5 Minuten ziehen lassen.
6. Kresse vom Tablett schneiden und unterziehen. Die Suppe mit Salz abschmecken und heiß servieren.

Pro Portion ca. 14 g Eiweiß, 5 g Fett, 55 g Kohlenhydrate = 1411 Joule (337 Kalorien)

Quarkring
mit neuen Kartoffeln
Zum Foto links

Für 6 Portionen:
4 Blatt weiße Gelatine
1 Zwiebel
50 g Kerbel
750 g Magerquark
2 Eigelb
2 Tl Zitronensaft
Salz, Pfeffer a. d. Mühle
⅛ l Schlagsahne
Fett für die Form
1 kg neue Kartoffeln
1 El Kümmel
200 g Lachsschinken
1 Tablett Kresse

1. Gelatine in kaltem Wasser einweichen. Zwiebel pellen und würfeln. Kerbel waschen und grob hacken.
2. Quark in einem Tuch etwas ausdrücken und in eine Schüssel geben. Zwiebel, Kerbel, Eigelb und Zitronensaft zugeben und mit dem Schneidstab pürieren. Masse mit Salz und Pfeffer abschmecken.
3. Gelatine bei milder Hitze auflösen, unter den Quark ziehen. Sahne steif schlagen und unterziehen. Quark in eine gefettete Reisrandform (1 l) füllen und ca. 1 Stunde kühl stellen.
4. Kartoffeln waschen, in der Schale mit dem Kümmel in Salzwasser gar kochen. Lachsschinken in Streifen schneiden.
5. Den Quark an den Rändern der Form mit einem scharfen Messer lösen. Form kurz in heißes Wasser tauchen, Quark auf einen Teller stürzen.
6. Kartoffeln pellen, in die Mitte geben. Mit Lachsschinkenstreifen und Kresse garnieren.

Pro Portion ca. 33 g Eiweiß, 5 g Fett, 31 g Kohlenhydrate = 1294 Joule (307 Kalorien)

...mit Ei

Eier alla pizzaiola

Zum Foto oben

Für 4 Portionen:
8 Eier
4 Zwiebeln (ca. 120 g)
40 g Butter oder Margarine
1 kleine Dose geschälte Tomaten
(400 g EW)
1 Paket Tomatenpüree (500 g)
Salz
Pfeffer a. d. Mühle
1 Prise Zucker
1 Glas Kapern (50 g)
1 Bund Schnittlauch

1. Die Eier anstechen, in kochendes Wasser geben, 8 Minuten kochen lassen, abschrecken und pellen.

2. Zwiebeln pellen, halbieren, in dünne Scheiben schneiden und in der Butter oder Margarine glasig dünsten.

3. Tomaten mit Saft und das Tomatenpüree zugeben und ca. 10 Minuten einkochen lassen. Mit Salz, Pfeffer und Zucker würzen.

4. Abgetropfte Kapern und Schnittlauchröllchen unterrühren.

5. Die Eier halbieren und in die Sauce geben.

Dazu paßt Baguette.

Pro Portion ca. 18 g Eiweiß, 21 g Fett, 17 g Kohlenhydrate = 1576 Joule (376 Kalorien)

Kräuterpüree mit Spiegelei

Zum Foto oben

Für 4 Portionen:
1 Bund Schnittlauch
1 Bund glatte Petersilie
1 Bund Dill
150 g Flockenpüree mit Milch (Fertig-
produkt)
60 g Butter oder Margarine
1 Zwiebel
Salz
4 Eier
Pfeffer a. d. Mühle

1. Kräuter waschen und fein hacken.
¾ l Wasser zum Kochen bringen,
Topf von der Herdplatte ziehen, Flok-
kenpüree einstreuen und gut 1 Min.
quellen lassen. Danach durchrühren.
2. 20 g Butter oder Margarine unterziehen. Zwiebel pellen und mit der
Haushaltsreibe in das Püree reiben.
Kräuter unterziehen, kräftig durchrühren und, wenn nötig, salzen.
3. Eier in der restlichen Butter oder
Margarine braten, salzen, pfeffern
und zusammen mit dem Kräuterpüree
servieren.

Pro Portion ca. 11 g Eiweiß, 20 g Fett, 25 g Kohlenhydrate = 1498 Joule (358 Kalorien)

151

Maisomelett mit Sojasprossen

Zum Foto oben

Für 4 Portionen:
⅛ l Milch, 1 Tl Honig
80 g Butter, Salz
20 g Polenta
180 g Maiskörner (a. d. Dose)
250 g Sojasprossen
1 El Petersilie (gehackt)
3 Tomaten (ca. 250 g)
Sojasauce, Pfeffer a. d. Mühle
2 Eier (Gew.-Kl. 2)
4 Basilikumblätter
1 Becher Joghurt (150 g)
2 El Schnittlauchröllchen

1. Milch mit Honig, 40 g Butter, Salz und Polenta aufkochen, dann vom Herd nehmen und abkühlen lassen.
2. 60 g gehackten Mais, 50 g gehackte Sprossen und Petersilie unterrühren.
3. Restliche Sprossen blanchieren, 30 g beiseite stellen. Tomaten häuten, entkernen, würfeln. Mit den blanchierten Sojasprossen mischen, mit Sojasauce und Pfeffer würzen.
4. Eigelb unter die Polenta rühren. Eiweiß steif schlagen, unterziehen.
5. Mais mit beiseite gestellten Sprossen in 4 Pfännchen in je 10 g Butter andünsten. Omelettmasse darüber verteilen. Bei 200 Grad (Gas 3) 10 Min. backen, mit Basilikum garnieren.
6. Joghurt mit Salz, Pfeffer, Schnittlauch verrühren, dazu servieren.

Pro Portion ca. 11 g Eiweiß, 23 g Fett, 16 g Kohlenhydrate = 1345 Joule (321 Kalorien)

Eier-Frikassee mit Champignons

Zum Foto oben

Für 4 Portionen:
2 Zwiebeln
400 g Champignons
30 g Butter oder Margarine
⅛ l Fleischbrühe
Pfeffer a. d. Mühle
Koriander (gemahlen)
6 Eier
1 El Korianderkörner
1 Becher saure Sahne (150 g)
1 Eigelb
1 Bund Dill

1. Eine Zwiebel pellen und würfeln. Champignons putzen, waschen und in Scheiben schneiden.

2. Butter oder Margarine zerlassen und die Zwiebel darin glasig dünsten. Pilze zugeben und anbraten. Die Brühe angießen, mit Pfeffer und Korianderpulver würzen und die Pilze zugedeckt 5–10 Minuten schmoren.

3. Eier anstechen. Wasser mit der zweiten gepellten, halbierten Zwiebel, Salz und Korianderkörnern zum Kochen bringen. Eier einlegen, 7–8 Minuten kochen, abschrecken, pellen und halbieren. Saure Sahne mit dem Eigelb verrühren und in die Champignonsauce einrühren.

4. Eier mit der Champignonsauce servieren und mit gehacktem Dill bestreuen.

Pro Portion ca. 16 g Eiweiß, 18 g Fett, 9 g Kohlenhydrate = 1147 Joule (274 Kalorien)

Bandnudeln
mit Muschelsauce
Zum Foto links

Für 4 Portionen:
250 g Bandnudeln
3 El Öl, Salz
2 Zwiebeln
1 Knoblauchzehe
1 Dose geschälte Tomaten (420 g EW)
1 Glas Kapern (20 g)
Pfeffer a. d. Mühle
1 Tl Zucker
Oregano
Cayennepfeffer
1 Dose Muscheln im eigenen Saft
(75 g EW)
1 Bund Schnittlauch

1. Nudeln mit 1 El Öl in 3 l kochendem Salzwasser 10–12 Minuten al dente (bißfest) kochen.
2. Inzwischen Zwiebeln pellen und würfeln. Knoblauchzehe pellen und durchpressen.
3. Restliches Öl in einer Pfanne erhitzen, Zwiebeln und Knoblauch darin glasig dünsten. Tomaten ohne Saft dazugeben und so lange dünsten, bis die Flüssigkeit verdampft ist.
4. Kapern abtropfen lassen und dazugeben. Sauce mit Salz, Pfeffer, Zucker, Oregano und Cayennepfeffer abschmecken.
5. Muscheln abtropfen lassen, etwas abspülen und unter Schwenken in der Sauce heiß werden lassen. Dabei nicht rühren, damit die Muscheln nicht zerfallen. Schnittlauch in feine Röllchen schneiden und über die Sauce geben.
6. Nudeln abgießen, kurz mit kaltem Wasser überbrausen, gut abtropfen lassen und die Sauce dazu servieren.

Pro Portion ca. 13 g Eiweiß, 10 g Fett, 54 g Kohlenhydrate = 1589 Joule (380 Kalorien)

...mit Nudeln

Spaghetti
mit Tomatensauce
Zum Foto oben

Für 4 Portionen:
250 g Spaghetti
Salz
2 Zwiebeln
1 Knoblauchzehe
2 El Öl
1 Paket Tomatenpüree (500 g)
Pfeffer a. d. Mühle
1 Bund Basilikum

1. Spaghetti in kochendes Salzwasser geben und in 8–10 Minuten al dente (bißfest) kochen.
2. Inzwischen Zwiebeln pellen und fein würfeln. Knoblauchzehe pellen und durchpressen.
3. Das Öl erhitzen, Zwiebeln und Knoblauch darin glasig dünsten. Das Tomatenpüree dazugeben und durchkochen. Sauce mit Salz, Pfeffer und gehacktem Basilikum würzen.
4. Spaghetti abgießen, kalt überbrausen, gut abtropfen lassen und mit der Tomatensauce servieren.

Pro Portion ca. 10 g Eiweiß, 8 g Fett, 51 g Kohlenhydrate = 1386 Joule (331 Kalorien)

Grüne Nudeln
mit Champignons
Zum Foto oben

Für 4 Portionen:
Salz, 1 El Öl
1 Knoblauchzehe
1 Bund Frühlingszwiebeln (ca. 250 g)
750 g rosa Champignons
250 g Bandnudeln
40 g Kräuterbutter
1 Tl grob geschroteter,
schwarzer Pfeffer

1. Reichlich Salzwasser mit dem Öl und der gepellten, durchgepreßten Knoblauchzehe zum Kochen bringen.
2. Frühlingszwiebeln putzen, waschen und in Ringe schneiden. Champignons putzen, waschen, vierteln.
3. Nudeln in das kochende Wasser geben, 8–9 Minuten kochen.
4. 20 g Kräuterbutter zerlassen, Zwiebeln darin andünsten. Pilze dazugeben und 5–10 Minuten dünsten.
5. Nudeln abtropfen lassen, mit Zwiebeln und Pilzen vermengen und wieder erhitzen, salzen, pfeffern, die restliche Kräuterbutter unterrühren, sofort servieren.

Pro Portion ca. 15 g Eiweiß, 13 g Fett, 55 g Kohlenhydrate = 1762 Joule (420 Kalorien)

Risotto mit Haselnüssen
Zum Foto links

Für 4 Portionen:
250 g Zwiebeln
2 Knoblauchzehen
30 g Butter
1 El Haselnußöl
200 g Naturreis, Salz
1 Tl Koriander (gemahlen)
20 g Korinthen
1 l Gemüsebrühe (Instant)
30 g Haselnußkerne
10 g Roggenmehl, 1 El Curry
75 ccm Schlagsahne
250 g Möhren
250 g Porree

1. Zwiebeln und Knoblauchzehen pellen, Zwiebeln würfeln und Knoblauch fein hacken.
2. Beides in 10 g Butter und Haselnußöl glasig dünsten. Reis zugeben und rundum anbraten, mit Salz und Koriander würzen.
3. Korinthen und ⅝ l Brühe zugeben und zugedeckt 45 Minuten ausquellen lassen.
4. Haselnüsse grob hacken, ohne Fett anrösten und unterheben.
5. Roggenmehl und Curry in 10 g Butter kurz anschwitzen, mit der restlichen Brühe und der Sahne verrühren, ohne Deckel 20 Minuten kochen lassen, salzen und warm stellen.
6. Möhren und Porree putzen, waschen und in feine Streifen schneiden. Beides in der restlichen Butter andünsten. 4 El Wasser dazugeben und zugedeckt ca. 5 Minuten dünsten. Das Gemüse mit dem Risotto und der Currysauce servieren.

Pro Portion ca. 8 g Eiweiß, 22 g Fett, 60 g Kohlenhydrate = 1976 Joule (471 Kalorien)

Fruchtige
Desserts

Obstsalat mit Erdbeeren,
Melonenkugeln,
Ananas und Kiwi, in Sherry
und Portwein mariniert,
mit einem Hauch Basilikum.
Rezept auf Seite 163

Obstsalat mit Erdbeeren

Zum Foto auf den Seiten 160/161

Für 4–6 Portionen:
1 Melone (ca. 750 g Ogen- oder
Cantaloupe-Melone)
750 g Erdbeeren
1 Ananas (ca. 1 kg)
4 Kiwis
2–3 El Zucker
⅛ l weißer Portwein
⅛ l trockener Sherry
2 Bund Basilikum

1. Die Melone vierteln und die Kerne mit einem Löffel herausschaben. Kugeln aus dem Fruchtfleisch ausstechen. Das restliche Fruchtfleisch auslösen und pürieren.
2. Die Erdbeeren waschen, entstielen und längs halbieren.
3. Ananas vierteln, die holzigen Strunkteile in der Mitte entfernen, das Fruchtfleisch von der Schale lösen, dann in kleine Stücke schneiden.
4. Die Kiwis schälen, in Scheiben schneiden und mit den übrigen Früchten mischen.
5. Melonenpüree mit Zucker, Portwein und Sherry verrühren und über die Früchte gießen. Die Schüssel mit Alufolie abdecken und den Salat 30 Minuten kühl stellen.
6. Kurz vor dem Servieren die Basilikumblätter von den Stielen zupfen, kalt abspülen und vorsichtig unter den Salat mischen.

Pro Portion (bei 6 Portionen) ca. 2 g Eiweiß, 0 g Fett, 44 g Kohlenhydrate = 1005 Joule (240 Kalorien)

Brombeer-Joghurt-Schaum

Zum Foto links

Für 4–6 Portionen:
6 Blatt weiße Gelatine
3 Becher Magermilchjoghurt (à 150 g)
650 g Brombeeren
100 g Zucker
3 El Zitronensaft
3 Eiweiß
⅛ l Schlagsahne

1. Die Gelatine in kaltem Wasser einweichen. Joghurt in einem feinen Sieb abtropfen lassen.
2. Die Brombeeren verlesen und vorsichtig waschen. 600 g Brombeeren durch ein Sieb streichen und mit dem Zucker verrühren.
3. Gelatine tropfnaß in einen Topf geben, bei milder Hitze auflösen und gleichmäßig unter das Fruchtpüree rühren. Den abgetropften Joghurt und den Zitronensaft unterrühren.
4. Das Eiweiß zu sehr steifem Schnee schlagen und unter die Brombeercreme ziehen. Den Brombeerschaum in eine Glasschüssel füllen und ca. 1 Stunde kalt stellen.
5. Vor dem Servieren die Sahne steif schlagen, in einen Spritzbeutel mit Sterntülle füllen und den Brombeerschaum mit Sahnetupfern verzieren. Mit den restlichen, zurückbehaltenen Brombeeren dekorieren.

Pro Portion (bei 6 Portionen) ca. 8 g Eiweiß, 8 g Fett, 31 g Kohlenhydrate = 934 Joule (223 Kalorien)

●●●●●●●●●●●●●●●●●●●●●●●●

Unser Tip: Dieser Brombeer-Joghurt-Schaum ist ein leichtes, luftiges Sommerdessert, das auch ausgezeichnet mit Himbeeren schmeckt.

●●●●●●●●●●●●●●●●●●●●●●●●

Erdbeeren und Aprikosen auf Muskat-Sabayon

Zum Foto links

Für 6 Portionen:
500 g Erdbeeren
300 g Aprikosen
⅛ l trockener Weißwein
3 El Zucker
Muskatnuß (frisch gerieben)
4 Eigelb (Gew.-Kl. 2)
2 Eier (Gew.-Kl. 2)
Minzblättchen zum Garnieren
Puderzucker zum Bestäuben

1. Die Erdbeeren waschen, entstielen und abtropfen lassen.
2. Aprikosen über Kreuz einritzen, kurz in kochendes Wasser legen, kalt abschrecken und häuten. Früchte vierteln und achteln, dabei den Stein entfernen.
3. Weißwein mit 2 El Zucker aufkochen, die Aprikosen darin vorsichtig 3–5 Minuten pochieren, mit der Schaumkelle herausheben.
4. Erdbeeren längs halbieren, mit dem restlichen Zucker bestreuen und mit Muskat würzen.
5. Den Aprikosensud mit Eigelb und Eiern über dem Wasserbad mit dem Schneebesen so lange aufschlagen, bis die Masse dicklich-schaumig ist. Die Schüssel in Eiswasser stellen und die Creme kalt schlagen. Creme mit Muskat würzen und auf Dessertteller geben.
6. Die Früchte vorsichtig vermischen und auf den Tellern anrichten. Das Dessert mit Minzblättchen dekorieren, mit Puderzucker bestäuben und sofort servieren.

Pro Portion ca. 6 g Eiweiß, 7 g Fett, 20 g Kohlenhydrate = 801 Joule (192 Kalorien)

Rhabarbersorbet

Zum Foto auf Seite 166

Für 6 Portionen:
500 g Rhabarber
100 g Zucker
100 ccm Weißwein
1 Orange (ca. 200 g)

1. Rhabarber waschen, putzen und grob zerkleinern. Rhabarber mit Zucker und Weißwein mischen.
2. Orange schälen, grob zerkleinern, eventuelle Kerne entfernen, die Fruchtstücke zum Rhabarber geben.
3. Das Ganze in 10 Minuten weich kochen, dann mit dem Schneidstab des Handrührers pürieren.
4. Rhabarberpüree in eine Schüssel füllen und im Gefriergerät oder Eisfach des Kühlschranks gefrieren, dabei mehrmals mit einer Gabel durchrühren.
5. Unmittelbar vor dem Servieren die Sorbetmasse mit dem Schneidstab cremig rühren, dann in einen Spritzbeutel füllen und in gut gekühlte Gläser spritzen.

Pro Portion ca. 0 g Eiweiß, 0 g Fett, 21 g Kohlenhydrate = 426 Joule (102 Kalorien)

●●●●●●●●●●●●●●●●●●●●●●●

Unser Tip: Nur älterem Rhabarber wird die Haut abgezogen. Bei jungem Rhabarber ist sie so zart, daß man sie als wichtigen Geschmacksträger nicht entfernen sollte. Wichtig: Bei der Arbeit mit Rhabarber sollten keine Aluminiumgefäße und keine Alufolie verwendet werden, weil der Rhabarber durch Oxydation grau wird.

●●●●●●●●●●●●●●●●●●●●●●●

Rhabarbersorbet, mit nur 102 Kalorien pro Portion ganz besonders leicht. Das Rezept steht auf Seite 165.

Sahniges Blaubeereis mit Joghurt, mit Honig gewürzt, dazu eine fruchtige Rotweinsauce mit Zimt. Das Rezept steht auf Seite 169.

Fruchtige Desserts

Blaubeereis
mit Joghurt
Zum Foto auf den Seiten 166/167

Für 6–8 Portionen:
500 g Blaubeeren
150 g Honig
⅛ l Rotwein
1 Messerspitze Zimt
4 Eigelb (Gew.-Kl. 2)
2 Becher Sahnejoghurt (à 150 g)
¼ l Schlagsahne

1. Blaubeeren verlesen, waschen und abtropfen lassen. 200 g Blaubeeren zum Teil mit einer Gabel leicht zerdrücken, dann mit 50 g Honig, Rotwein und Zimt vermischen. Die Sauce zugedeckt kalt stellen.
2. Die restlichen Blaubeeren mit dem Schneidstab des Handrührers fein pürieren.
3. Eigelb mit dem restlichen Honig und 2 El warmem Wasser 5–7 Minuten aufschlagen, bis die Masse dicklich-weiß ist.
4. Das Blaubeerpüree und den Sahnejoghurt unterrühren. Die Sahne sehr steif schlagen und gleichmäßig unterziehen.
5. Die Masse entweder im Eisbereiter cremig rühren und dann in Portionsförmchen umfüllen. Oder die Masse 2 Stunden in einer Schüssel vorgefrieren, ab und zu mit dem Schneidstab pürieren, dann in Förmchen füllen und im Gefriergerät fest werden lassen.
6. Vor dem Servieren 30 Minuten in den Kühlschrank stellen, auf Dessertteller stürzen und mit der Blaubeersauce umgießen.

Pro Portion (bei 8 Portionen) ca. 4 g Eiweiß, 20 g Fett, 26 g Kohlenhydrate = 1190 Joule (270 Kalorien)

Mangoparfait
mit Himbeersauce
Zum Foto links

Für 4–6 Portionen:
3 reife Mangos (à 200 g)
7 El Zucker, 2 Eigelb
6 El Zitronensaft, 2 El Orangenlikör
⅛ l Schlagsahne
500 g Himbeeren, 30 g Puderzucker

1. Die Mangos schälen, das Fruchtfleisch in Spalten vom Stein schneiden. Das Fleisch einer Frucht zur Dekoration beiseite stellen, das übrige Fruchtfleisch mit dem Schneidstab des Handrührers pürieren.
2. Zucker und 10 El Wasser zum Kochen bringen und 2 Minuten kochen lassen.
3. Den noch heißen Läuterzucker unter ständigem Rühren langsam zum Eigelb geben und zu einer dicklichen Creme aufschlagen. Mangopüree, Zitronensaft und Orangenlikör zur Eicreme geben und gut verrühren. 20 Minuten kalt stellen.
4. Die Sahne steif schlagen und unterziehen. Die Masse in eine Eismaschine füllen und ca. 20 Minuten darin frieren lassen. Das Eis muß noch spritzfähig sein. Oder die Masse in einer Schüssel im Gefriergerät fest werden lassen, dabei häufig mit einem Schneebesen umrühren.
5. Ein paar Himbeeren zur Dekoration beiseite stellen. Die übrigen Beeren und den Puderzucker mit dem Schneidstab pürieren und durch ein Sieb streichen.
6. Das Eis in einen Spritzbeutel mit Sterntülle füllen, in gekühlte Portionsgläser füllen, mit dem Himbeerpüree anrichten, mit Mangospalten und Himbeeren dekorieren.

Pro Portion (bei 6 Portionen) ca. 3 g Eiweiß, 9 g Fett, 48 g Kohlenhydrate = 1194 Joule (285 Kalorien)

Erdbeeren in Vanille-Rum-Sauce

Zum Foto oben

Für 6 Portionen:
1 Päckchen Vanillesaucenpulver
5 El Zucker
2 El Rum
½ l Milch
1 kg Erdbeeren
1 El Zitronensaft

1. Vanillesaucenpulver mit 2 El Zucker und dem Rum verrühren, in die kochende Milch einrühren, 3 Minuten kochen lassen, dann kühl stellen.
2. Die Erdbeeren verlesen, waschen, entstielen und eventuell halbieren. Früchte mit dem restlichen Zucker und Zitronensaft vermengen.
3. Erdbeeren mit der eiskalten Sauce servieren.

Pro Portion ca. 7 g Eiweiß, 6 g Fett, 42 g Kohlenhydrate = 1127 Joule (268 Kalorien)

Obstsalat
mit Joghurtschaum
Zum Foto oben

Für 4 Portionen:
500 g Aprikosen, 500 g Erdbeeren
3 Eiweiß
2 Becher Sahnejoghurt (à 150 g)
2 Tl Zitronensaft
2 Tl abgeriebene Schale einer unbehandelten Zitrone
5 El Zucker, Zitronenschalenraspel

1. Die Aprikosen mit kochendem Wasser überbrühen, kalt abschrecken, häuten, halbieren und entsteinen.
2. Erdbeeren waschen, entstielen, halbieren, mit den Aprikosen mischen.
3. Eiweiß sehr steif schlagen. Joghurt mit Zitronensaft, -schale und Zucker glattrühren, Eischnee unterheben.
4. Früchte in Portionsschalen füllen, den Schaum darübergeben, mit Zitronenschalenraspeln dekorieren.

Pro Portion ca. 6 g Eiweiß, 8 g Fett, 46 g Kohlenhydrate = 1045 Joule (267 Kalorien)

Preiselbeerspeise mit Äpfeln
Zum Foto links

Für 6–8 Portionen:
1 Vanilleschote
500 g Preiselbeeren
150 g Honig
⅛ l Weißwein
1 Zitrone (unbehandelt)
3 Eigelb (Gew.-Kl. 2)
1 Becher Sahnejoghurt (150 g)
200 ccm Schlagsahne
50 g Mandelstifte
2 Äpfel

1. Die Vanilleschote längs aufschlitzen und das Mark mit dem Messerrücken herauskratzen.
2. Die Preiselbeeren gut verlesen, dann waschen und abtropfen lassen. Beeren mit der Vanilleschote, 100 g Honig und Weißwein 5 Min. bei milder Hitze kochen, dann kalt werden lassen. Vanilleschote herausnehmen.
3. Die Zitronenschale abreiben, Zitrone auspressen. Eigelb mit dem restlichen Honig, dem Vanillemark, Zitronenschale und 1 El warmem Wasser mit den Quirlen des Handrührers 5–7 Minuten dicklich-weiß aufschlagen. Joghurt unterrühren. Sahne steif schlagen, unterziehen und die Creme 10 Minuten kalt stellen.
4. Mandelstifte in einer Pfanne ohne Fett unter Rühren hellbraun rösten und abkühlen lassen.
5. Äpfel waschen, grob raspeln, sofort mit dem Zitronensaft vermengen.
6. Abwechselnd geraspelte Äpfel, Mandelstifte, Joghurt-Creme und Preiselbeerkompott in eine Schüssel schichten und bis zum Servieren kalt stellen.

Pro Portion (bei 8 Portionen) ca. 4 g Eiweiß, 20 g Fett, 32 g Kohlenhydrate = 1370 Joule (326 Kalorien)

Für den kleinen Hunger

Häufig wird er unterdrückt, der kleine Hunger zwischendurch. Das ist falsch, wie Ernährungswissenschaftler sagen: Denn kleine Mahlzeiten machen munter, ausgiebige dagegen müde. So verhindert der kleine Hunger, daß es zum ganz großen kommt. Zudem wird das Absinken der Leistungskurve vermieden und der Organismus weniger belastet. Stehen Sie also zu Ihrem kleinen Hunger und begegnen Sie ihm mit Obst, Joghurt, einem Vitamin-Drink oder einem leichten Snack. Rezepte dazu finden Sie auf den nächsten Seiten.

Vitamin-Drinks aus Milchprodukten, mal süß mit Obst, mal herzhaft mit Kräutern und Gewürzen, und Mixgetränke aus Obst- und Gemüsesäften. Rezepte auf den Seiten 176 bis 181.

Snacks: Süppchen, überbackener Vollkorntoast, raffinierte Sülzen mit Fisch und Gemüse und süße und herzhafte Frischkäse-Variationen. Rezepte auf den Seiten 182 bis 187.

Vitamin-Drinks Rezepte auf Seite 178

Mango-

Sauerkirschmilch

Blaubeer-Dickmilch

Avocado-Kefir

Tomaten-Dickmilch

Buttermilch mit Dill

177

Sauerkirschmilch
Zum Foto auf den Seiten 176/177

Für 2 Portionen:
¼ l Vollmilch
4 El Dickmilch
200 g entsteinte Sauerkirschen
Süßstoff

1. Vollmilch, Dickmilch und Kirschen pürieren.
2. Drink mit Süßstoff abschmecken.

Pro Portion ca. 6 g Eiweiß, 5 g Fett, 20 g Kohlenhydrate = 659 Joule (158 Kalorien)

Blaubeer-Dickmilch
Zum Foto auf den Seiten 176/177

Für 2 Portionen:
100 g Blaubeeren
¼ l Dickmilch oder Buttermilch
abgeriebene Schale von ½ Zitrone (unbehandelt)
1–2 El Ahornsirup

1. Blaubeeren verlesen, waschen und abtropfen lassen.
2. Beeren zusammen mit der Dickmilch, Zitronenschale und Ahornsirup pürieren und in Gläser füllen.

Pro Portion ca. 5 g Eiweiß, 2 g Fett, 29 g Kohlenhydrate = 653 Joule (156 Kalorien)

Mango-Mix
Zum Foto auf den Seiten 176/177

Für 2 Portionen:
1 reife Mango (ca. 300 g)
¼ l Buttermilch
2 Tl Ahornsirup
2 Tl Zitronensaft

1. Mango schälen, Fruchtfleisch in Spalten vom Stein schneiden.
2. Mango zusammen mit Buttermilch, Ahornsirup und Zitronensaft pürieren und in Gläser füllen.

Pro Portion ca. 6 g Eiweiß, 0 g Fett, 36 g Kohlenhydrate = 720 Joule (172 Kalorien)

Avocado-Kefir
Zum Foto auf den Seiten 176/177

Für 2 Portionen:
½ Avocado (ca. 110 g)
1 El gehacktes Basilikum
¼ l Kefir
Salz, Pfeffer a. d. Mühle
2 Tl Zitronensaft
75 ccm Mineralwasser

1. Avocado schälen, entsteinen und in Stücke schneiden.
2. Avocado, Basilikum, Kefir, Salz, Pfeffer, Zitronensaft pürieren.
3. Das Mineralwasser untermischen. Drink sofort servieren.

Pro Portion ca. 25 g Eiweiß, 18 g Fett, 8 g Kohlenhydrate = 890 Joule (212 Kalorien)

Buttermilch mit Dill
Zum Foto auf den Seiten 176/177

Für 2 Portionen:
½ Salatgurke
1 durchgepreßte Knoblauchzehe
¼ l Buttermilch
1 El gehackter Dill
Salz, Pfeffer a. d. Mühle
2 Tl Zitronensaft

1. Gurke schälen, halbieren, entkernen, in Stücke schneiden.
2. Gurke zusammen mit den übrigen Zutaten pürieren.

Pro Portion ca. 5 g Eiweiß, 1 g Fett, 6 g Kohlenhydrate = 230 Joule (55 Kalorien)

Tomaten-Dickmilch
Zum Foto auf den Seiten 176/177

Für 2 Portionen:
150 g Tomaten
4 Blätter Basilikum
¼ l Dickmilch
100 g Tomatenpüree (Parmalat)
Salz, Pfeffer a. d. Mühle
Tabasco, 1 Prise Zucker

1. Tomaten waschen, Stielansatz und Kerne entfernen, Tomaten würfeln.
2. Basilikum waschen und hacken.
3. Dickmilch, Tomatenpüree und Gewürze verrühren, Tomatenwürfel und Basilikum untermischen.

Pro Portion ca. 16 g Eiweiß, 2 g Fett, 10 g Kohlenhydrate = 900 Joule (214 Kalorien)

Bananen-Sanddorn-Milch
Zum Foto auf den Seiten 180/181

Für 2 Portionen:
1 Banane, ⅛ l Vollmilch
2 El Sanddorn mit Honig
⅛ l Aprikosensaft

1. Banane schälen und zusammen mit Milch und Sanddorn pürieren.
2. Aprikosensaft unterrühren.

Pro Portion ca. 3 g Eiweiß, 2 g Fett, 52 g Kohlenhydrate = 1030 Joule (245 Kalorien)

Ananassaft mit Erdbeeren
Zum Foto auf den Seiten 180/181

Für 2 Portionen:
100 g Erdbeeren
¼ l Ananassaft
2 El Zitronensaft

1. Erdbeeren waschen und entstielen.
2. Erdbeeren mit Ananas- und Zitronensaft pürieren.

Pro Portion ca. 0 g Eiweiß, 0 g Fett, 21 g Kohlenhydrate = 344 Joule (82 Kalorien)

Aprikosen-Himbeer-Drink
Zum Foto auf den Seiten 180/181

Für 2 Portionen:
⅛ l Aprikosensaft
125 g Himbeeren
2 El Zitronensaft
1 Tl Ahornsirup

1. Zutaten pürieren.
2. Drink auf Eiswürfeln servieren.

Pro Portion ca. 1 g Eiweiß, 0 g Fett, 16 g Kohlenhydrate = 273 Joule (65 Kalorien)

Prairie Oyster II
Zum Foto auf den Seiten 180/181

Für 2 Portionen:
¼ l Tomatensaft
Salz, Pfeffer a. d. Mühle
2 Tropfen Tabasco
2 Tl gehackte Petersilie
2 Eigelb

1. Tomatensaft mit Salz, Pfeffer, Tabasco und Petersilie würzen.
2. Je 1 Eigelb in ein Glas geben, Saft vorsichtig darübergießen.

Pro Portion ca. 3 g Eiweiß, 6 g Fett, 8 g Kohlenhydrate = 284 Joule (68 Kalorien)

Rote-Bete-Mix
Zum Foto auf den Seiten 180/181

Für 2 Portionen:
¼ l Rote-Bete-Saft (Reformhaus)
100 ccm Milch
1 Tl Zitronensaft
1 Tl Meerrettich (a. d. Glas)
Salz, Pfeffer a. d. Mühle
100 ccm Schlagsahne

1. Zutaten bis auf die Sahne verrühren.
2. Sahne leicht aufschlagen und unterziehen.

Pro Portion ca. 3 g Eiweiß, 7 g Fett, 17 g Kohlenhydrate = 614 Joule (147 Kalorien)

Gemüsesaft mit Kräutern
Zum Foto auf den Seiten 180/181

Für 2 Portionen:
½ l Gemüsesaft (Reformhaus)
Salz, Pfeffer a. d. Mühle
4 Tl gehackte Zitronenmelisse
4 Tl Schnittlauchröllchen
4 Tl Crème fraîche

1. Saft mit Salz, Pfeffer und Kräutern abschmecken, in Gläser füllen.
2. Crème fraîche daraufgeben.

Pro Portion ca. 1 g Eiweiß, 5 g Fett, 8 g Kohlenhydrate = 315 Joule (75 Kalorien)

Vitamin-Drinks Rezept auf Seite 179

Ananassaft mit Erdbeeren

Bananen-Sanddorn-Mix

Aprikosen-Himbeer-Drink

Prairie Oyster II

Rote-Bete-Mix

Gemüsesaft mit Kräutern

181

Eierwölkchensuppe

Auf dem Foto oben

Für 2 Portionen:
2 Tl Gemüsebrühenpaste (aus dem Reformhaus)
1 Ei (Gew.-Kl. 4)
Salz
weißer Pfeffer a. d. Mühle
2 El grob gehackte Kräuter
(Petersilie und Schnittlauch)

1. ¼ l Wasser mit der Gemüsebrühenpaste verrühren und einmal aufkochen lassen.
2. Das Ei mit Salz und frisch gemahlenem Pfeffer verquirlen.
3. Verquirltes Ei langsam, unter ständigem Rühren, mit der Gabel in die Brühe einlaufen lassen.
4. Die Eierwölkchensuppe in Tassen füllen, mit den gehackten Kräutern bestreuen und sofort servieren.

Pro Portion ca. 5 g Eiweiß, 4 g Fett, 1 g Kohlenhydrate = 248 Joule (59 Kalorien)

●●●●●●●●●●●●●●●●●●●●●●●●●

Unser Tip: Schnell zubereitet und ebenfalls kalorienarm ist folgende Tomatensuppe: 500 g Tomatenstückchen aufkochen, mit Salz, Pfeffer und Paprikapulver edelsüß würzen, dann 2 El gehackte Kräuter und 2 El saure Sahne unterziehen. (Für 4 Portionen à ca. 30 Kalorien).

●●●●●●●●●●●●●●●●●●●●●●●●●

Vollkorntoast mit Birne und Käse

Auf dem Foto unten

Für 2 Portionen:
2 Scheiben Vollkorntoast
10 g Halbfett-Butter oder -Margarine
wenig Meerrettich (frisch gerieben)
1 aromatische Birne (ca. 125 g)
60 g Camembert (50%)

1. Die Brotscheiben hell toasten und abkühlen lassen.
2. Butter oder Margarine mit Meerrettich verrühren (etwas Meerrettich zum Garnieren beiseite stellen). Die Brotscheiben damit bestreichen.
3. Birne waschen, Stiel und Blütenansatz entfernen. Die Frucht längs in Scheiben schneiden, dabei das Kerngehäuse entfernen. Birnenscheiben auf dem Brot verteilen.
4. Den Camembert in 2 Halbmondscheiben schneiden und auf die Birne legen. Toast unter dem Grill überbacken, bis der Käse geschmolzen ist. Dann mit Meerrettich garnieren.

Pro Portion ca. 8 g Eiweiß, 13 g Fett, 25 g Kohlenhydrate = 1053 Joule (249 Kalorien)

Snacks

Schinkensülze

Auf dem Foto oben

Für 6 Portionen:
1 Bund Suppengrün, Salz
5 Blatt weiße Gelatine
300 ccm trockener Weißwein
3 El weißer Portwein
1 El Zitronensaft
125 g Broccoli
300 g gekochter Schinken
1 Bund glatte Petersilie
Brunnenkresse

1. Das Suppengrün putzen, waschen, würfeln und in ¼ l leicht gesalzenem Wasser bei milder Hitze 20 Minuten auskochen. Brühe kalt werden lassen, dann durch ein Sieb gießen.
2. Gelatine in kaltem Wasser einweichen. ⅛ l Brühe mit Weißwein, Portwein und Zitronensaft mischen.
3. Broccoli putzen, in Röschen teilen, dabei die Stiele abziehen. Broccoli 4 Minuten in Salzwasser knapp gar kochen und gut abtropfen lassen.
4. Schinken in kleine Würfel schneiden. Petersilie von den Stielen zupfen, grob hacken und mit Broccoli und Schinken in 6 Förmchen füllen.
5. Gelatine tropfnaß bei milder Hitze auflösen, mit dem Weinsud mischen und in die Förmchen füllen. Dabei die Förmchen mehrmals auf die Arbeitsfläche stoßen, damit sich das Gelee gleichmäßig verteilt. Über Nacht kalt stellen.
6. Sülze vorsichtig mit einem spitzen Messer vom Förmchenrand lösen, evtl. kurz in heißes Wasser halten und auf ein Kressebett stürzen.

Pro Portion ca. 12 g Eiweiß, 12 g Fett, 3 g Kohlenhydrate = 825 Joule (196 Kalorien)

Krabben-Fisch-Sülze mit Tomatenjoghurt

Auf dem Foto unten

Für 4 Portionen:
4 Blatt weiße Gelatine
4 El Weißweinessig
1 Lorbeerblatt, 1 geh. Tl Salz
2 Zwiebeln (ca. 100 g)
2 Tl weiße Pfefferkörner
2 Tl Zucker
½ Zitrone (geschält, in Scheiben)
300 g Schollenfilets
100 g Nordseekrabbenfleisch
1 Bund Dill, 100 g Tomaten
1 Becher Joghurt (150 g)
Salz, Pfeffer a. d. Mühle
3 El Schnittlauchröllchen

1. Gelatine in kaltem Wasser einweichen. ¼ l Wasser mit dem Essig, Lorbeer, Salz, gepellten, grob zerteilten Zwiebeln, Pfefferkörnern, Zucker und Zitronenscheiben aufkochen und 10 Minuten kochen lassen.
2. Dann die Schollenfilets darin ca. 3 Minuten pochieren (nicht kochen), herausnehmen und abkühlen lassen. Fisch vorsichtig zerteilen, mit Krabben und gehacktem Dill vermengen und in 4 Portionsförmchen füllen.
3. Sud durch ein Sieb gießen. Gelatine bei milder Hitze tropfnaß auflösen, gleichmäßig mit dem Sud verrühren, über die Fischmasse verteilen und über Nacht kalt stellen.
4. Für die Sauce die Tomaten enthäuten, entkernen und würfeln. Joghurt mit Salz und Pfeffer würzen, mit 2 El Schnittlauch und Tomatenwürfeln (einige zum Garnieren beiseite stellen) vermengen.
5. Die Sülze auf kleine Teller stürzen, mit Joghurt umgießen, mit Tomatenwürfeln und Schnittlauch garnieren.

Pro Portion ca. 21 g Eiweiß, 2 g Fett, 6 g Kohlenhydrate = 578 Joule (138 Kalorien)

Frischkäse mit Möhren und Sellerie

Auf dem Foto oben

Für 4 Portionen:
250 g Möhren
150 g Staudensellerie
2 El Zitronensaft
Salz
Pfeffer a. d. Mühle
1 Bund Schnittlauch
400 g körniger Frischkäse (20% Fett i. Tr.)

1. Möhren waschen, schälen und grob raspeln. Staudensellerie putzen, die Fäden von den Außenseiten abziehen. Stangen in dünne Scheiben schneiden.
2. Möhren und Sellerie mischen und mit Zitronensaft, Salz und frisch gemahlenem Pfeffer würzen. Schnittlauch abspülen, trockentupfen, in Röllchen schneiden und die Hälfte unter das Gemüse mischen. Gemüse in vier Portionsschälchen füllen.
3. Den körnigen Frischkäse mit Pfeffer abschmecken, über das Gemüse geben und mit dem restlichen Schnittlauch garnieren.

Pro Portion ca. 16 g Eiweiß, 5 g Fett, 11 g Kohlenhydrate = 696 Joule (166 Kalorien)

Frischkäse mit Äpfeln

Auf dem Foto unten

Für 4 Portionen:
4 Äpfel
4 El Zitronensaft
400 g körniger Frischkäse (20% Fett i. Tr.)
1 El Ahornsirup
2 Tl Kokosraspel (geröstet)
4 Pistazienkerne

1. Äpfel waschen, ungeschält grob raspeln und sofort mit dem Zitronensaft vermengen. Äpfel auf vier Portionsschälchen verteilen.
2. Frischkäse mit dem Ahornsirup vermengen und auf die Äpfel geben.
3. Frischkäse mit gerösteten Kokosraspeln und in Blättchen geschnittenen Pistazien garnieren.

Pro Portion ca. 15 g Eiweiß, 7 g Fett, 22 g Kohlenhydrate = 899 Joule (214 Kalorien)

●●●●●●●●●●●●●●●●●●●●●●●●●

Unser Tip: Körniger Frischkäse, auch Cottagecheese genannt, ist die englisch-amerikanische Art von Speisequark. Er ist reich an Eiweiß, enthält nur 124 Kalorien pro 100 g und ist daher bestens für Diäten geeignet. Der Frischkäse läßt sich sowohl süß als auch herzhaft zubereiten, mit Früchten oder Gemüsen der Saison, mit Honig und Sanddorn oder mit Kräutern und Gewürzen.

●●●●●●●●●●●●●●●●●●●●●●●●●

Schlank werden- schlank bleiben

Gleich vorweg: Hier geht es nicht darum, sich eine Mannequinfigur zu erhungern. Aber Hand aufs Herz, mit einigen Pfunden weniger lebt es sich doch leichter. Denn Übergewicht belastet den gesamten Organismus. Und rabiate Abmagerungskuren bringen zwar kurzfristig Erfolg, aber helfen nicht auf lange Sicht. Da ist der langsame Weg nicht nur wirkungsvoller, sondern auch schonender. Die nachfolgenden Schlankheitskuren sind daher auf 1000 oder 1500 kcal pro Tag aufgebaut. Damit nimmt man im Schnitt 2 bis 3 Pfund in der Woche ab – und das auf Dauer.

Vollwert-Diät: mit Milchprodukten, Körnern und viel Gemüse, auf den Seiten 190 bis 203.

Schlank mit Kartoffeln: Die Diät zum Abnehmen und Entwässern, auf den Seiten 204 bis 211.

Brot-Diät: ideal für Berufstätige, auf den Seiten 212 bis 219.

Spargel-Wochenende: entschlacken im Frühjahr, auf den Seiten 220 bis 221.

Trauben-Wochenende: entschlacken im Herbst, auf den Seiten 222 bis 225.

Ballaststoff-Diät: mit Vollkornprodukten, Naturreis, Gemüse und Hülsenfrüchten, auf den Seiten 226 bis 239.

7-Tage-Diät: mit 1500 kcal pro Tag schonend abnehmen, auf den Seiten 240–267.

Kartoffeln vom Blech

Für 2 Portionen:
2 Tl Öl
je 10 g Sesam, Mohn und Kümmel
Salz, 500 g Kartoffeln
20 g Butter, 1 Bd. Schnittlauch
20 g Parmesan (frisch gerieben)
1 Becher Magermilchjoghurt (150 g)
Pfeffer a. d. Mühle

1. Backblech fetten, Streifen aus Sesam, Mohn und Kümmel daraufstreuen und leicht salzen.
2. Kartoffeln gründlich waschen, längs halbieren, die Schalen rhombenförmig einschneiden. Kartoffeln mit den Schnittflächen auf die Gewürze setzen, mit Butter bepinseln.
3. Im vorgeheizten Backofen bei 200 Grad (Gas 3) 25–30 Min. backen.
4. Schnittlauch in Röllchen schneiden, mit Parmesan und Joghurt verrühren, salzen, pfeffern und zu den gebackenen Kartoffeln servieren.

Pro Portion ca. 13 g Eiweiß, 19 g Fett, 45 g Kohlenhydrate = 1741 Joule (416 Kalorien)

Auf gesunde Art 2 bis 3 Pfund in der Woche abnehmen mit Gemüs der Woche abnehmen mit Gemüs Körnern und Milchprodukten. Pro Tag sind zwei Gerichte erlau

...d zum Frühstück gibt's Müsli
...us 3 El Müsli-Mischung, 100 g
...bst und ⅛ l Buttermilch. Dazu
...affee, Tee oder Mineralwasser.

Gemüsepfanne

Für 2 Portionen:
50 g Weizenthermogrütze
⅝ l Gemüsebrühe (Instant)
2–3 El Sojasauce
150 g Möhren, 200 g Porree
100 g Sojasprossen
2 El Sonnenblumenöl
Salz, Pfeffer a. d. Mühle
3–4 El Weißwein
Tabasco, ½ Bd. glatte Petersilie

1. Grütze in einer Pfanne ohne Fett
2–3 Min. rösten. ½ l Brühe und Sojasauce zugießen, zugedeckt bei milder
Hitze in 30 Min. ausquellen lassen.
2. Möhren und Porree putzen, waschen und schräg in dünne Scheiben
schneiden. Sojasprossen waschen.
3. Möhren und Porree im Öl 5 Minuten andünsten, Sojasprossen und restliche Brühe zugeben und zugedeckt
weitere 5–10 Minuten garen.
4. Grütze unterrühren, mit Salz, Pfeffer, Wein und Tabasco würzen, mit
gehackter Petersilie bestreuen.

Pro Portion ca. 8 g Eiweiß, 12 g Fett, 28 g Kohlenhydrate = 1080 Joule (258 Kalorien)

191

Vollwert-Diät

Vollkornschnitten

Für 2 Portionen:
100 g Salatgurke, 100 g Champignons
2 Scheiben Vollkornbrot (100 g)
6 dünne Scheiben Gouda (125 g)
Pfeffer a. d. Mühle, Petersilie

1. Gurke waschen und in Scheiben schneiden. Champignons putzen, waschen und in Scheiben schneiden.

2. Vollkornbrot auf ein Backblech legen. Auf jede Scheibe 2 Scheiben Käse legen. Erst die Gurken-, dann die Champignonscheiben darauf verteilen.

3. Restlichen Käse in 1 cm breite Streifen schneiden, auf die Schnitten verteilen und pfeffern.

4. Brote im vorgeheizten Backofen bei 200 Grad (Gas 3) ca. 10 Minuten überbacken, mit Petersilie garnieren.

Pro Portion ca. 19 g Eiweiß, 18 g Fett, 28 g Kohlenhydrate = 1513 Joule (362 Kalorien)

Gazpacho

Für 2 Portionen:
1 Dose geschälte Tomaten (800 g EW)
1 grüne Paprikaschote (170 g)
200 g Tomaten, 1 Zwiebel (30 g)
2 Scheiben Vollkornbrot (120 g)
10 g Butter
Salz, Pfeffer a. d. Mühle, Tabasco

1. Tomaten mit der Flüssigkeit durch ein Sieb streichen. Paprikaschote putzen, waschen und würfeln.
2. Tomaten waschen und würfeln. Zwiebel pellen und fein würfeln.
3. Brot würfeln, in Butter rösten.
4. Kalte Suppe mit Salz, Pfeffer, Tabasco würzen. Paprika-, Tomaten-, Zwiebel-, Brotwürfel dazu servieren.

Pro Portion ca. 11 g Eiweiß, 6 g Fett, 50 g Kohlenhydrate = 1306 Joule (312 Kalorien)

193

Mangoldrouladen

Für 2 Portionen:
60 g Naturreis, ⅝ l Gemüsebrühe
200 g Champignons
2 Zwiebeln (60 g)
30 g Haselnußkerne, 10 g Butter
30 g Rosinen, 1 Ei (Gew.-Kl. 4)
Salz, Pfeffer a. d. Mühle
4 große Mangoldblätter (ca. 250 g)
3–4 El Paprikamark
1–2 Tl helles Saucenbindemittel
1 Becher Magermilchjoghurt (150 g)

1. Reis in ½ l Brühe 30 Min. garen.
2. Pilze putzen, waschen, hacken, Zwiebeln pellen, würfeln. Nüsse hacken. Zwiebeln in der Butter glasig dünsten, Pilze, Nüsse, Rosinen zugeben, 5–10 Min. unter Rühren garen.
3. Gut abgetropften Reis, Pilzmasse, Ei, Salz und Pfeffer verrühren.
4. Mangoldblätter waschen, Rippen entfernen, Blätter blanchieren. Jeweils 2 Blätter leicht überlappend nebeneinander legen, Füllung daraufgeben, aufrollen, leicht ausdrücken.
5. Restliche Brühe mit Paprikamark verrühren, Rouladen darin 20 Min. garen. Sauce binden, Joghurt unterrühren, mit Salz und Pfeffer würzen.

Pro Portion ca. 19 g Eiweiß, 19 g Fett, 55 g Kohlenhydrate = 2018 Joule (482 Kalorien)

Paprika-Quark-Brot

Für 2 Portionen:
250 g Magerquark, 1 Tl Zitronensaft
1 Becher Magermilchjoghurt (150 g)
Salz, Pfeffer a. d. Mühle
Paprikapulver (edelsüß)
1 Bund Schnittlauch
300 g Paprikaschoten (gemischt)
2 Scheiben Vollkornbrot (120 g)

1. Quark mit Zitronensaft und Joghurt glattrühren, mit Salz, Pfeffer und Paprika würzen.
2. Schnittlauch in feine Röllchen schneiden und unterheben.
3. Paprikaschoten putzen, waschen und in Würfel schneiden.
4. Das Brot mit Quark bestreichen und mit Paprikawürfeln bestreuen.

Pro Portion ca. 28 g Eiweiß, 2 g Fett, 43 g Kohlenhydrate = 1296 Joule (310 Kalorien)

Gemüse-Grünkern-Suppe

Für 2 Portionen:
100 g Möhren, 100 g Porree
100 g Petersilienwurzel
100 g Sellerie
35 g Grünkernschrot
20 g Butter
½ l Gemüsebrühe (Instant)
1 Bund glatte Petersilie
Salz, Pfeffer a. d. Mühle, Muskat

1. Das Gemüse putzen und waschen. Die Möhren, den Porree und die Petersilienwurzel in Scheiben und den Sellerie in Würfel schneiden.
2. Den Grünkern in Butter anrösten. Gemüse zugeben und andünsten. Mit Brühe auffüllen und zugedeckt 25 Minuten garen.
3. Petersilie abspülen und die Blättchen fein hacken. Suppe mit Salz, Pfeffer und Muskat kräftig würzen, mit Petersilie bestreuen.

Pro Portion ca. 5 g Eiweiß, 10 g Fett, 22 g Kohlenhydrate = 864 Joule (207 Kalorien)

Nudelsalat

Für 2 Portionen:
100 g Vollkornnudeln, Salz
1 grüne Paprikaschote (150 g)
150 g Salatgurke, 250 g Tomaten
3 El Joghurt-Salatcreme
1 Becher Magermilchjoghurt (150 g)
8 El Schnittlauchröllchen
Salz, Pfeffer a. d. Mühle
1 Tl Zitronensaft, 1 El Senf

1. Nudeln in Salzwasser garen.
2. Paprika putzen, waschen und würfeln. Gurke schälen, halbieren, entkernen, in Scheiben schneiden. Tomaten waschen, Blütenansatz entfernen, Tomaten sechsteln.
3. Nudeln abgießen, abschrecken, gut abtropfen lassen und mit Paprika, Gurke und Tomaten mischen.
4. Die Salatcreme mit Joghurt und Schnittlauchröllchen verrühren, mit Salz, Pfeffer, Zitronensaft und Senf würzen. Die Sauce unter den Salat mischen, ca. 30 Minuten durchziehen lassen, evtl. nachwürzen.

Pro Portion ca. 13 g Eiweiß, 10 g Fett, 48 g Kohlenhydrate = 1442 Joule (345 Kalorien)

Vollwert-Diät

Vollkorncrêpes mit Spinat

Für 2 Portionen:
50 g Roggenvollkornmehl, 6 El Milch
Salz, 1 Ei, 2 Zwiebeln, 25 g Butter
300 g Blattspinat (tiefgekühlt)
6 El Gemüsebrühe
1 Becher Magermilchjoghurt (150 g)
Pfeffer a. d. Mühle, 2 Tl Sesam

1. Mehl mit 7 El Wasser, Milch und Salz verrühren und 1 Std. ausquellen lassen. Dann das Ei unterrühren.

2. Zwiebeln pellen, würfeln, in 5 g Butter glasig dünsten. Spinat und Brühe zugeben, 15 Min. garen.
3. Joghurt, Salz und Pfeffer verrühren.
4. Aus dem Teig in beschichteter Pfanne in jeweils 5 g Butter vier Crêpes backen.
5. Spinat auf die Crêpes verteilen, Crêpes zusammenklappen, mit Sesam bestreuen, mit Joghurt servieren.

Pro Portion ca. 14 g Eiweiß, 16 g Fett, 26 g Kohlenhydrate = 1314 Joule (314 Kalorien)

Gemüsesülze

Für 2 Portionen:
6 Blatt weiße Gelatine
100 g Broccoli, 100 g Möhren
100 g Erbsen (tiefgekühlt)
½ l Gemüsebrühe (Instant)
Salz, Pfeffer a. d. Mühle
Zitronensaft, 1 Bund Petersilie
1 Bund Schnittlauch
50 g Salatmayonnaise (50%)
100 g Magermilchjoghurt
2 Scheiben Vollkornbrot (120 g)

1. Gelatine in Wasser einweichen.
2. Broccoli putzen, waschen, in Rös-chen teilen. Strünke schälen, würfeln. Möhren waschen, schälen, in Schei- ben schneiden. Beides mit den Erbsen in der Brühe 5 Min. garen, herausneh-men, abkühlen lassen.
3. Brühe mit Salz, Pfeffer, Zitronen-saft würzen. Gelatine darin auflösen. In jede Tasse einen ca. 1 cm hohen Spiegel gießen, erstarren lassen.
4. Gemüse darauf verteilen, mit Brühe auffüllen, 2–3 Std. kalt stellen.
5. Kräuter hacken, mit Mayonnaise und Joghurt verrühren, mit Zitronen-saft, Salz, Pfeffer würzen. Sauce und Brot zur gestürzten Sülze servieren.

Pro Portion ca. 18 g Eiweiß, 15 g Fett, 43 g Koh-lenhydrate = 1647 Joule (393 Kalorien)

Hirseauflauf

Für 2 Portionen:
50 g Hirse
¼ l Gemüsebrühe (Instant)
400 g Champignons, 10 g Butter
1 Bund glatte Petersilie
Salz, Pfeffer a. d. Mühle
2 Eier (Gew.-Kl. 4), 150 g saure Sahne
Fett f. d. Form
1 Tomate

1. Hirse in die kochende Brühe geben, bei milder Hitze 25–30 Min. garen.

2. Pilze putzen, waschen, vierteln, ca. 5 Minuten in der Butter braten.
3. Petersilie hacken, zur Hirse geben, mit Salz und Pfeffer würzen. Dann die Pilze unterrühren.
4. Eigelb mit 1 El saurer Sahne unter die Hirse rühren. Eiweiß sehr steif schlagen, vorsichtig unterziehen.
5. Masse in eine gefettete Auflauf- form füllen, im vorgeheizten Back- ofen bei 200 Grad (Gas 3) 40 Min. backen. Auflauf mit Tomatenwürfeln und restlicher Sahne servieren.

Pro Portion ca. 18 g Eiweiß, 23 g Fett, 25 g Koh- lenhydrate = 1647 Joule (393 Kalorien).

Möhren-Apfel-Rohkost

Für 2 Portionen:
30 g Weizen
250 g Möhren
2 Äpfel (225 g)
2–3 El Zitronensaft
Pfeffer a. d. Mühle
1 El Sonnenblumenöl
50 g Haselnußkerne, 10 g Butter

1. Weizen in kaltes Wasser geben und zugedeckt 24 Std. quellen lassen.
2. Möhren und Äpfel waschen, Möhren schälen. Beides auf der groben Seite der Haushaltsreibe raspeln.
3. Zitronensaft mit Pfeffer und Öl verrühren und mit der Möhren-Apfel-Rohkost mischen.
4. Nüsse hacken. Abgetropfte Weizenkörner in der Butter anrösten, mit den Nüssen über die Rohkost geben.

Pro Portion ca. 7 g Eiweiß, 26 g Fett, 36 g Kohlenhydrate = 1750 Joule (418 Kalorien)

Gemüserisotto

Für 2 Portionen:
2 Zwiebeln (60 g)
75 g Naturreis, 15 g Butter
¼ l Gemüsebrühe (Instant)
250 g Zucchini, 350 g Tomaten
20 g Tomatenmark
1 Bund glatte Petersilie, 1 Ei
Salz, Pfeffer, Paprika (edelsüß)
30 g Parmesan (frisch gerieben)

1. Zwiebeln pellen, würfeln. Reis in der Butter anrösten, dann die Zwiebeln darin glasig dünsten. Brühe angießen, Reis zugedeckt 20 Min. garen.

2. Zucchini und Tomaten waschen. Zucchini in Scheiben, Tomaten in Würfel schneiden. Beides mit dem Tomatenmark zum Reis geben und weitere 10–15 Minuten garen.

3. Petersilie hacken. Ei 8–9 Minuten kochen, pellen und halbieren.

4. Risotto mit Salz, Pfeffer, Paprika, Petersilie und der Hälfte des Parmesans würzen. Mit dem restlichen Parmesan und dem Ei servieren.

Pro Portion ca. 17 g Eiweiß, 15 g Fett, 40 g Kohlenhydrate = 1584 Joule (378 Kalorien)

Himbeerquark

Für 2 Portionen:
300 g Himbeeren (tiefgekühlt)
30 g Leinsamen
250 g Magerquark
3 El Mineralwasser
1 El Zitronensaft
2 El Honig
1 Eiweiß

1. Die Himbeeren auftauen lassen. Den Leinsamen in einer Pfanne ohne Fett goldbraun rösten.

2. Den Quark mit Mineralwasser und Zitronensaft verrühren. ¾ der Himbeeren mit 1 El Honig pürieren, durch ein Sieb streichen und unter den Quark rühren.

3. Eiweiß mit 1 El Honig steif schlagen (das dauert etwas) und unter den Quark ziehen. Den Himbeerquark in Portionsschälchen füllen, mit geröstetem Leinsamen und den restlichen Himbeeren garnieren.

Pro Portion ca. 26 g Eiweiß, 6 g Fett, 33 g Kohlenhydrate = 1251 Joule (299 Kalorien)

Schlank mit Kartoffeln

Mit zwei schlanken Kartoffelgerichten pro Tag können Sie mühelos 2 Kilo in einer Woche abnehmen. Wichtig: Viel trinken (Mineralwasser, Tee, Kaffee) und sparsam frühstücken.

Kartoffeln mit Kapern-Zitronen-Sauce

Zum Foto rechts oben

Für 2 Portionen:
500 g Kartoffeln, Salz
1 Tl helles Saucenbindemittel
⅛ l Gemüsebrühe, 1 Tl Zitronensaft
1 Tl Zitronenschale (unbehandelt)
Pfeffer, 10 g Kapern
2 El Schlagsahne
20 g Butter, 1 Tl Thymian

1. Kartoffeln waschen, schälen, vierteln und in Salzwasser garen.
2. Saucenbindemittel in die kochende Brühe rühren, mit Zitronensaft, -schale, Pfeffer, Kapern und der Sahne verrühren.
3. Kartoffeln abgießen, in Butter und Thymian schwenken. Mit der Sauce servieren. Dazu paßt Lachsschinken.

Pro Portion ca. 5 g Eiweiß, 13 g Fett, 41 g Kohlenhydrate = 1414 Joule (337 Kalorien)

Kartoffeltopf

Zum Foto rechts unten

Für 2 Portionen:
500 g Kartoffeln
1 Möhre
⅛ l Gemüsebrühe (Reformhaus)
1 Bund Frühlingszwiebeln
Salz, Pfeffer a. d. Mühle
1 Bund glatte Petersilie
2 Eier
10 g Butter, Paprikapulver (edelsüß)

1. Kartoffeln und Möhre waschen, schälen, in Scheiben schneiden, in der Brühe garen. Frühlingszwiebeln putzen, waschen, nach 10 Minuten in die Brühe geben.
2. Mit Salz und Pfeffer würzen, mit gehackter Petersilie bestreuen.
3. Zwei Eier in der Butter braten, mit Paprika bestreuen, dazu servieren.

Pro Portion ca. 13 g Eiweiß, 11 g Fett, 42 g Kohlenhydrate = 1495 Joule (356 Kalorien)

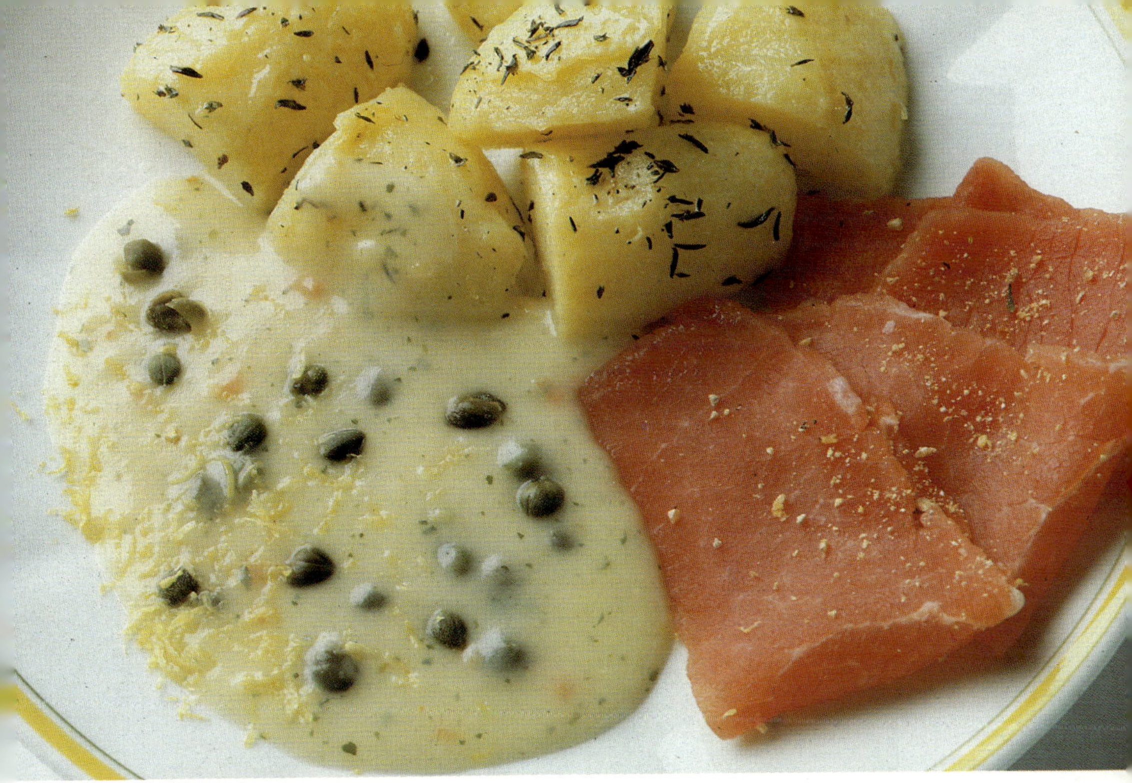

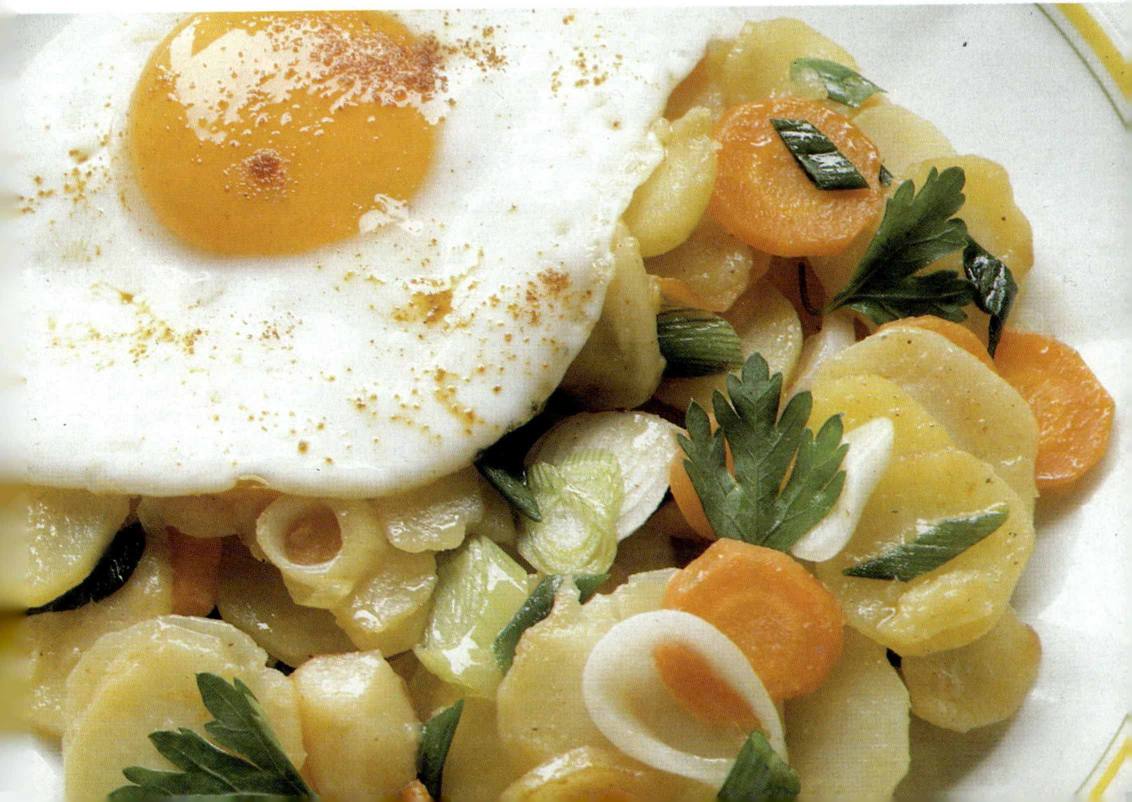

Schlank mit Kartoffeln

Kartoffelsuppe

Zum Foto oben

Für 2 Portionen:
10 g getrocknete Steinpilze
½ l Gemüsebrühe
150 g Kartoffeln
Salz
Pfeffer a. d. Mühle
2 El Schlagsahne
1 Bund Schnittlauch

1. Die Steinpilze kalt abbrausen, dann 10 Minuten in der Gemüsebrühe einweichen.

2. Kartoffeln waschen, schälen, würfeln und 15 Minuten mit den Pilzen in der Brühe garen.

3. Dann mit dem Schneidstab des Handrührgeräts pürieren und mit Salz und Pfeffer würzen. Die Sahne unterziehen. Den Schnittlauch in Röllchen schneiden und vor dem Servieren über die Suppe streuen.

Pro Portion ca. 5 g Eiweiß, 6 g Fett, 16 g Kohlenhydrate = 623 Joule (149 Kalorien)

Kartoffel-Gemüse-Pfanne

Zum Foto oben

Für 2 Portionen:
500 g Kartoffeln
250 g rote Paprikaschoten
250 g Champignons
1 Stange Porree
2 El Öl
100 g Erbsen (tiefgekühlt)
Salz
Pfeffer a. d. Mühle
2 El saure Sahne

1. Die Kartoffeln waschen, mit der Schale kochen, abgießen, pellen und in Scheiben schneiden.
2. Paprikaschoten, Champignons und Porree putzen und waschen. Paprika in Streifen, Champignons in Viertel und Porree in Ringe schneiden. Alles im heißen Öl anbraten.
3. Kartoffeln und Erbsen dazugeben, kurz anbraten und mit Salz und Pfeffer würzen. Die saure Sahne verrühren und dazu servieren.

Pro Portion ca. 12 g Eiweiß, 12 g Fett, 52 g Kohlenhydrate = 1616 Joule (386 Kalorien)

Pellkartoffeln mit Gurkensauce

Zum Foto oben

Für 2 Portionen:
500 g Kartoffeln
Salz
1 Ei
½ Salatgurke
2 El Senf
1 El Zitronensaft
1 El Öl
Pfeffer a. d. Mühle
1 Bund Dill

1. Die Kartoffeln waschen, mit der Schale in Salzwasser gar kochen, abgießen, danach pellen.
2. Inzwischen das Ei hart kochen, abschrecken, pellen und hacken.
3. Gurke waschen, Kerne herauskratzen, Gurke in kleine Würfel schneiden. Gurkenwürfel und Ei mit Senf, Zitronensaft und Öl verrühren, mit Salz und Pfeffer würzen.
4. Dill hacken, mit der Gurkensauce vermischen und zu den Pellkartoffeln servieren.

Pro Portion ca. 9 g Eiweiß, 8 g Fett, 51 g Kohlenhydrate = 1506 Joule (360 Kalorien)

Pellkartoffeln mit Schnittlauchquark

Zum Foto oben

Für 2 Portionen:
500 g Kartoffeln
Salz
250 g Magerquark
2 Tl Zitronenschale von einer
unbehandelten Zitrone
1 El Zitronensaft
Pfeffer a. d. Mühle
1 Zwiebel
1 Bund Schnittlauch

1. Die Kartoffeln waschen, mit der Schale in Salzwasser gar kochen, abgießen und pellen.

2. Inzwischen den Quark mit der Zitronenschale, dem -saft und 6 El Wasser verrühren, mit Salz und Pfeffer würzen.

3. Die Zwiebel pellen und sehr fein würfeln. Den Schnittlauch in feine Röllchen schneiden. Beides unter den Quark mischen und zu den Kartoffeln servieren.

Pro Portion ca. 24 g Eiweiß, 1 g Fett, 53 g Kohlenhydrate = 1409 Joule (337 Kalorien)

Pellkartoffeln mit Tomatensauce

Zum Foto oben

Für 2 Portionen:
500 g Kartoffeln
Salz
1 Dose geschälte Tomaten (800 g EW)
1 Bund Frühlingszwiebeln
Pfeffer a. d. Mühle
1 Tl Oregano (getrocknet)

1. Die Kartoffeln waschen, in der Schale in Salzwasser gar kochen, abgießen und heiß pellen.
2. Inzwischen die Tomaten in einem Sieb gut abtropfen lassen, dann grob zerkleinern. Tomaten in eine Pfanne geben und 10 Minuten ohne Deckel einkochen lassen.
3. Die Frühlingszwiebeln putzen, waschen und in Ringe schneiden. Nach 5 Minuten in die Pfanne zu den Tomaten geben.
4. Die Sauce mit Salz, Pfeffer und Oregano würzen und zu den Pellkartoffeln servieren.

Pro Portion ca. 11 g Eiweiß, 0 g Fett, 69 g Kohlenhydrate = 1362 Joule (326 Kalorien)

Pellkartoffeln mit Käsesauce

Zum Foto oben

Für 2 Portionen:
500 g Kartoffeln
Salz
⅛ l Gemüsebrühe
2 El Schlagsahne
125 g Kräuterschmelzkäse (kalorien-
reduziert)
Pfeffer a. d. Mühle
1 El Weißwein
1 El helles Saucenbindemittel
1 Bund Schnittlauch

1. Die Kartoffeln waschen, in Salz-wasser gar kochen und heiß pellen.
2. Inzwischen die Brühe mit der Schlagsahne zum Kochen bringen und den Käse darin schmelzen lassen. Die Sauce mit Salz, Pfeffer und Weiß-wein abschmecken. Das Saucenbin-demittel einstreuen und noch mal auf-kochen lassen.
3. Den Schnittlauch in feine Röllchen schneiden, auf die Sauce streuen und zu den Pellkartoffeln servieren.

Pro Portion ca. 16 g Eiweiß, 12 g Fett, 56 g Koh-lenhydrate = 1869 Joule (447 Kalorien)

Zu drei üppig belegten Broten pro Tag gibt's 250 g Obst und zum Frühstück: 2 Scheiben Knäcke, 10 g Butter, 1 Tl Konfitüre.

Quarkbrot mit Radieschen

1 Scheibe Knäckebrot mit 100 g Quark (20%) bestreichen. Mit 1 Bund Radieschen in Scheiben belegen, salzen, pfeffern, mit etwas Kresse bestreuen.

Ca. 15 g E, 5 g F, 16 g KH = 734 kJ (175 kcal)

212

Kalbsbratenbrot mit Spiegelei

1 Scheibe Vollkornbrot mit 5 g Butter bestreichen. Mit Salat, 25 g Kalbsbraten und einem in 5 g Butter gebratenen Spiegelei belegen. Mit Salz, Pfeffer und Schnittlauch bestreuen.

Ca. 15 g E, 16 g F, 24 g KH = 1324 kJ (316 kcal)

Bulettenbrot

Aus 70 g Beefsteakhack, 1 El Zwiebelwürfeln, 1 Tl Senf, 2–3 El Wasser, Salz und Pfeffer eine Bulette formen, in 5 g Butter braten. 1 Scheibe Vollkornbrot mit 50 g Salatgurkenscheiben, 2 Tomatenscheiben und der Bulette belegen.

Ca. 20 g E, 8 g F, 30 g KH = 1205 kJ (288 kcal)

213

2. und 3. Tag

Frischkäsebrot

1 Scheibe Vollkornbrot
mit 1 Salatblatt,
50 g körnigem
Frischkäse und
½ Orange in Filets
belegen.

Ca. 12 g E, 3 g F, 29 g
KH = 846 kJ (201 kcal)

Kalbsleberbrot mit Apfel

75 g Kalbsleber in 5 g Butter braten, salzen, pfeffern. 10 g Zwiebelringe, 50 g Apfelwürfel mit-
braten. 1 Scheibe Vollkornbrot mit 1 Salatblatt,
Leber, Zwiebeln, Äpfeln und Petersilie belegen.

Ca. 18 g E, 9 g F, 28 g KH = 1215 kJ (290 kcal)

Krabbenbrot

1 Scheibe Knäckebrot
mit 5 g Butter bestrei-
chen, mit 60 g Krabben
belegen, mit 1 Tl Zitronensaft
beträufeln, mit Dill bestreuen.

Ca. 13 g E, 11 g F, 6 g KH = 559 k
(133 kca

Tatarbrot

80 g Tatar mit 1 Ei-
gelb, 1 Tl Kapern,
Salz, Pfeffer, 2 El
Schnittlauch mischen.
1 Scheibe
Vollkornbrot mit
1 Salatblatt, Tatar
und Zwiebelringen
belegen.

Ca. 24 g E, 10 g F, 19 g KH
= 1192 kJ (204 kcal)

Rühreibrot

Aus 1 Ei, Salz, Pfeffer, 1 Bd. gehacktem Schnittlauch
in 5 g Butter ein Rührei bereiten. 1 Scheibe
Vollkornbrot mit 1 Salatblatt und Rührei belegen.

Ca. 10 g E, 6 g F, 18 g KH = 901 kJ (214 kcal)

Schafskäsebrot

1 Scheibe Knäckebrot mit
5 g Butter bestreichen,
mit 30 g Schafskäse, 1 kl. Tomate
in Scheiben belegen, mit
Pfeffer, Schnittlauch bestreuen.

Ca. 6 g E, 9 g F, 15 g KH
= 502 kJ (120 kcal)

Geflügelsalatbro[t]

50 g gekochtes
Hähnchenfilet mit
1 El Salatcreme
(25%), 2 El Mager-
joghurt, Curry, Di[ll]
Salz, Pfeffer, 80 g
Ananas mischen,
auf 1 Scheibe Vol[l]
kornbrot mit Sal[at]
anrichten.

Ca. 17 g E, 7 g F,
30 g KH = 1134 kJ
(270 kcal)

Überbackenes Salamibrot

1 Scheibe Vollkornbrot mit 20 g Diät-Salami, 1
Tomate in Scheiben belegen, mit Salz, Pfeffer, Oregano
würzen, mit 30 g Gouda (17%) belegen, bei 200 Grad
(Gas 3) 10 Minuten überbacken.

Ca. 14 g E, 14 g F, 20 g KH = 1129 kJ (269 kcal)

Rauchfleischbrot

1 Scheibe Knäckebrot
mit 5 g Butter bestrei-
chen, mit 25 g Rauchfleisch
und 50 g Melone belegen.

Ca. 7 g E, 5 g F, 12 g KH
= 817 kJ (195 kca[l)]

Quark-Tomaten-Brot

125 g Quark (20%) mit 3 El Wasser verrühren, auf 1 Scheibe Vollkornbrot streichen, mit 1 Tomate in Scheiben, 50 g Frühlingszwiebelringen garnieren, pfeffern und salzen.

Ca. 20 g E, 7 g F 28 g KH = 1145 kJ (273 kcal)

Bierschinkenbrot mit Apfel

1 Scheibe Vollkornbrot mit 5 g Butter bestreichen, mit 30 g Bierschinken, 3 Apfelspalten und etwas Kresse belegen.

Ca. 9 g E, 11 g F, 21 g KH = 911 kJ (217 kcal)

Lachsschinkenbrot

1 Scheibe Knäckebrot mit 5 g Butter bestreichen, mit 50 g Lachsschinken, 100 g Salatgurkenscheiben belegen, salzen und pfeffern.

Ca. 10 g E, 8 g F, 9 g KH = 641 kJ (153 kcal)

Matjesbrot

50 g Matjesfilet,
50 g Apfel,
50 g Gewürzgurke
würfeln, mit 1 El
Joghurt, ½ Bd. Dill,
1 Tl Zitronensaft
mischen, auf 1 Scheibe
Vollkornbrot geben.

Ca. 12 g E, 13 g
F, 26 g KH =
1218 kJ (290 kcal)

Geflügel-Pilz-Brot

125 g Champignonscheiben in 5 g Butter anbraten, salzen,
pfeffern, mit 1 Salatblatt, 50 g geräucherter Putenbrust
auf 1 Scheibe Vollkornbrot legen, mit Petersilie bestreuen.

Ca. 18 g E, 5 g F, 22 g KH = 925 kJ (220 kcal)

Käse-Paprika-Brot

1 Scheibe Knäckebrot
mit 5 g Butter bestreiche,
mit 30 g Schnittkäse (17°
50 g Paprikastückchen beleg

Ca. 11 g E, 9 g F, 10 g
= 986 kJ (190

Roastbeefbrot

1 Scheibe Vollkorn-
brot mit 5 g Butter
bestreichen, mit 1
Salatblatt, 50 g
Roastbeef, 1
Gewürzgurke, 3 Ra-
dieschen belegen.

Ca. 14 g E, 9 g F, 20 g
KH = 995 kJ (237 kcal)

Krabbenbrot mit Joghurt

1 Scheibe Vollkornbrot mit 5 g Butter bestreichen, mit
00 g Krabben belegen. 4 El Magerjoghurt mit ½ Bund Dill,
1 Tl Zitronensaft, Salz, Pfeffer verrühren, darübergeben.

Ca. 25 g E, 6 g F, 21 g KH = 1067 kJ (254 kcal)

Eier-Kaviar-Brot

1 Scheibe Knäckebrot
mit 5 g Butter bestreichen, mit
1 hartgekochtem Ei in Scheiben, 10 g Forellenkaviar, etwas
Schnittlauch belegen.

Ca. 10 g E, 12 g F, 8 g KH
= 823 kJ (196 kcal)

Spargel-Wochenende

*1 wachsweiches Ei
mit Schnittlauch*

*100 g Lachsschinken
ohne Fettrand*

*50 g Räucherlachs
mit Dill*

220

*200 g Kartoffeln
mit Petersilie*

Ein Spargel-Wochenende im Frühling macht fit, entschlackt und bringt gut 2 Pfund Gewichtsabnahme. Und Spargel gibt's satt: Pro Tag sind 5 Pfund davon erlaubt, kalt oder warm, dazu die Beilagen (links). Sie können aber auch 500 g Spargel für einen rohen Spargelsalat reservieren und den Lachsschinken dazu essen.

Roher Spargelsalat: 1 feingewürfelte Zwiebel mit 3 El Weißweinessig, Salz, Pfeffer und 3 El Öl verrühren, mit 150 g Erbsen (tiefgekühlt) und 500 g Spargel, geschält und in Scheiben geschnitten, mischen, durchziehen lassen, mit Lachsschinken garnieren.

Trauben-Wochenende

Wer im Herbst schnell ein Kilo abnehmen möchte, kann sich die entschlackende Wirkung der Trauben zunutze machen: Pro Tag sind ein normales Frühstück und zwei der nachstehenden Traubengerichte erlaubt.

Traubensalat mit Nüssen und Käse
Zum Foto rechts

Für 1 Portion:
250 g grüne und blaue Weintrauben
20 g Walnußkerne
30 g Käse (30%, am besten Gouda)
Salz
Pfeffer a. d. Mühle
1–2 Tl Zitronensaft

1. Weintrauben waschen, abtropfen lassen, von den Stielen zupfen, halbieren und entkernen.
2. Walnußkerne grob zerkleinern. Den Käse würfeln.
3. Weintrauben, Walnüsse und Käse mischen. Den Traubensalat mit Salz, frisch gemahlenem Pfeffer und Zitronensaft würzen und gut durchziehen lassen.

Ca. 12 g Eiweiß, 18 g Fett, 44 g Kohlenhydrate = 1671 Joule (400 Kalorien)

223

Traubensalat mit Hähnchenbrust
Zum Foto links

Für 1 Portion:
75 g Hähnchenbrustfilet
1 El Öl, Salz, Pfeffer a. d. Mühle
250 g Weintrauben, 75 g Magerjoghurt
½ Bd. Schnittlauch, 2 Tl Zitronensaft

1. Hähnchenfleisch im heißen Öl 5 Minuten braten, mit Salz und Pfeffer würzen, kleinschneiden, mit halbierten, entkernten Trauben mischen.
2. Joghurt mit Schnittlauchröllchen, Zitronensaft, Salz, Pfeffer würzen und über den Salat geben.

Ca. 22 g Eiweiß, 11 g Fett, 46 g Kohlenhydrate = 1635 Joule (391 Kalorien)

Überbackenes Weintraubenbrot
Zum Foto links

Für 1 Portion:
1 Scheibe Vollkornbrot
125 g Weintrauben
40 g Emmentaler Käse (45%)
Pfeffer a. d. Mühle

1. Die Scheibe Vollkornbrot mit den halbierten, entkernten Weintrauben belegen.
2. Emmentaler in Scheiben darauf verteilen und mit frisch gemahlenem Pfeffer bestreuen.
3. Das Brot im vorgeheizten Backofen bei 220 Grad (Gas 4) 5–10 Minuten überbacken.

Ca. 10 g Eiweiß, 9 g Fett, 44 g Kohlenhydrate = 1265 Joule (300 Kalorien)

Filetsteak mit Weintrauben

Zum Foto oben

Für 1 Portion:
100 g Filetsteak
1 El Öl
Salz
Pfeffer a. d. Mühle
250 g Weintrauben

1. Filetsteak im heißen Öl 2–4 Minuten braten, salzen und pfeffern.
2. Halbierte, entkernte Trauben zugeben, heiß werden lassen, würzen.
3. Das Steak in Scheiben schneiden, mit den Trauben servieren.

Ca. 20 g Eiweiß, 15 g Fett, 40 g Kohlenhydrate = 1628 Joule (389 Kalorien)

Ballaststoff-Diät

Bei dieser Diät dürfen Sie bis zu 1500 Kalorien pro Tag essen und nehmen trotzdem bis zu 4 Pfund in der Woche ab. Das Zauberwort heißt Ballaststoffe. Das sind Stoffe, deren Kalorien der Körper nicht in Energie (oder Fett) umwandeln kann, während er andererseits viel Energie aufwenden muß, um diese ballaststoffreichen Nahrungsmittel mit ihren »unverdaulichen« Kalorien durch den Körper zu befördern. Bei der Diät sind zwei der nachfolgenden Gerichte erlaubt. Zum Frühstück gibt es Müsli (Rezepte S. 74 bis 84) und zwischendurch 1 Apfel und 1 Orange. Wichtig: Sie sollten viel trinken, mindestens 1,5–2 l Mineralwasser, Tee oder Kaffee. Mehr über Ballaststoffe auf S. 270/271.

*Vollkornbuchteln
mit Backobst.
Rezept auf Seite 229*

227

Vollkornbuchteln mit Backobst

Zum Foto auf den Seiten 226/227

Für 6 Portionen:
100 g Weizenschrot (Type 1800)
150 g Weizenmehl (Type 1050)
ca. ⅛ l Milch, 30 g frische Hefe
50 g Margarine, 1 Ei
20 g brauner Zucker, Salz
Margarine für die Form
1 El Milch, 1 Tl Öl zum Bestreichen
1 El Ahornsirup zum Bestreichen
250 g Backobst
Saft und Schale von 1 Zitrone
(unbehandelt)

1. Mehlsorten mischen. Milch lauwarm werden lassen, Hefe darin auflösen, mit Margarine, Ei, Zucker, Salz zum Mehl rühren. Einen Teig kneten, zugedeckt gehen lassen, bis er sich verdoppelt hat, noch mal kneten.
2. Teig zur Rolle formen, in 12 Stücke schneiden, Buchteln daraus drehen, in eine leicht gefettete Form setzen, noch mal gehen lassen. Milch und Öl verrühren, die Buchteln damit bestreichen, im vorgeheizten Backofen bei 225 Grad (Gas 4) 30 Min. backen, noch heiß mit Sirup bestreichen.
3. Backobst in ½ l Zitronenwasser mit etwas -schale langsam gar kochen, zu den Buchteln reichen.
Die Buchteln kann man einfrieren.

Pro Portion ca. 8 g Eiweiß, 10 g Fett, 64 g Kohlenhydrate (davon 15 g Ballaststoffe) = 1664 Joule (397 Kalorien)

Vollkornzöpfli mit Tomatensugo

Auf dem linken Foto oben

Für 2 Portionen:
1 Zwiebel, 2 Knoblauchzehen
½ El Öl
1 kleine Dose geschälte Tomaten
½ Tl getr. italienische Kräuter
6 Basilikumblätter
125 g Vollkornzöpfli, Salz
1–2 El Parmesan, Pfeffer, Zucker

1. Zwiebel pellen und würfeln. Knoblauch pellen, 1 Zehe in Scheiben schneiden. Beides im Öl andünsten.
2. Tomaten zugeben, pürieren. Italienische Kräuter, die Hälfte gehacktes Basilikum dazugeben, sämig kochen.
3. Zöpfli mit der zweiten Knoblauchzehe in Salzwasser gar kochen.
4. Sugo mit 1 El Parmesan verrühren, mit Salz, Pfeffer, Zucker abschmekken, mit restlichem Basilikum und Parmesan bestreuen.

Pro Portion ca. 11 g Eiweiß, 6 g Fett, 46 g Kohlenhydrate (davon 8 g Ballaststoffe) = 1229 Joule (293 Kalorien)

Vollkornspaghetti mit Gemüsestreifen

Auf dem linken Foto unten

Für 2 Portionen:
200 g Möhren, 400 g Sellerie
100 g Porree
125 g Vollkornspaghetti
2 Knoblauchzehen, Salz
30 g Butter, 4 El Sojasauce (salzig)
2 El Parmesan (frisch gerieben)

1. Möhren, Sellerie, Porree putzen und waschen. Möhren, Sellerie in Streifen, Porree in Ringe schneiden.
2. Spaghetti mit 1 Knoblauchzehe in Salzwasser gar kochen.
3. Sellerie und Möhren in der Butter andünsten. Nach 10 Min. Porree, Sojasauce und restlichen durchgepreßten Knoblauch zugeben.
4. Nudeln abgießen, 75 ccm Nudelwasser zum Gemüse geben. Gemüse auf den Nudeln anrichten, mit Parmesan bestreuen.

Pro Portion ca. 15 g Eiweiß, 9 g Fett, 60 g Kohlenhydrate (davon 20 g Ballaststoffe) = 1627 Joule (388 Kalorien)

230

Linseneintopf

Auf dem Foto oben

Für 6 Portionen:
250 g Linsen
1 El Gemüsebrühenpaste (a. d. Reform-
haus)
200 g Kasselerkotelett
1 Bund Suppengrün
375 g Kartoffeln
30 g Butter
100 ccm Rotwein
Salz
Pfeffer a. d. Mühle
1 El Tomatenketchup

1. Die Linsen in 1 l Wasser zusammen mit der Brühenpaste zum Kochen bringen, dann das Kasseler hineingeben und 30 Minuten bei milder Hitze zugedeckt kochen lassen.
2. Inzwischen das Suppengrün putzen, waschen und in kleine Würfel schneiden. Kartoffeln waschen, schälen und ebenfalls würfeln.
3. Sellerie und Möhren (vom Suppengrün) und die Kartoffeln gut in der Butter andünsten. Porree zurückbehalten. Das angedünstete Gemüse zu den Linsen geben. Kasseler herausnehmen.
4. Den Eintopf mit Rotwein, Salz, Pfeffer und Ketchup abschmecken, evtl. noch etwas Wasser dazugeben und noch mal 30 Minuten bei milder Hitze garen.
5. Fleisch vom Knochen lösen, würfeln, mit dem Porree in die Suppe geben und heiß werden lassen. Läßt sich einfrieren.

Pro Portion ca. 17 g Eiweiß, 13 g Fett, 37 g Kohlenhydrate (davon 6 g Ballaststoffe) = 1540 Joule (368 Kalorien)

Gemüsesuppe mit Schwemmklößchen

Auf dem Foto unten

Für 6 Portionen:
250 g Brechbohnen
150 g Paprikaschoten (rote und gelbe)
6 Tl Gemüsebrühenpaste (a. d. Reform-
haus)
⅛ l Milch, 25 g Butter
Salz, Muskatnuß (frisch gerieben)
60 g Roggenmehl (Type 1050)
1 Ei
150 g Zwiebeln
250 g Wirsing
150 g Erbsen (tiefgekühlt)

1. Bohnen putzen, waschen und in mundgerechte Stücke brechen. Paprika putzen, waschen und in Streifen schneiden. 1 l heißes Wasser mit der Gemüsebrühenpaste verrühren.
2. Milch mit 5 g Butter, Salz und Muskatnuß zum Kochen bringen. Das Mehl auf einmal hineinschütten und zum Kloß abbrennen. Den Topf vom Herd nehmen und das Ei gut unterrühren. Mit 2 Teelöffeln 12 kleine Klößchen abstechen und in Salzwasser in 15 Minuten gar ziehen lassen.
3. Zwiebeln pellen, würfeln und in der restlichen Butter glasig dünsten. Bohnen und Paprikastreifen dazugeben und 10 Minuten mitdünsten.
4. Inzwischen den Wirsing putzen, waschen und in Streifen schneiden. Dann zum Gemüse geben, mit Brühe auffüllen und zugedeckt ca. 10 Minuten bei milder Hitze garen.
5. Klößchen aus dem Kochsud nehmen, zusammen mit den Erbsen in die Suppe geben und 3 Minuten leise kochen lassen. Wenn nötig, etwas Klößchenbrühe in die Suppe geben. Läßt sich einfrieren.

Pro Portion ca. 8 g Eiweiß, 5 g Fett, 20 g Kohlenhydrate (davon 6 g Ballaststoffe) = 675 Joule (161 Kalorien)

Überbackener Fisch auf Spinat

Auf dem Foto oben

Für 2 Portionen:
200 g Kartoffeln
Salz
300 g Blattspinat (tiefgekühlt)
Pfeffer a. d. Mühle
Muskatnuß (frisch gerieben)
300 g Kabeljaufilet
1 Tl Zitronensaft
200 g Tomaten
30 g geriebener Emmentaler (40%)
10 g Leinsamen (geschrotet)

1. Kartoffeln waschen, mit Schale in Salzwasser 15–20 Minuten garen. Spinat in wenig gesalzenem Wasser auf kleiner Flamme tauen lassen.
2. Kartoffeln abgießen, pellen und in Scheiben schneiden. Eine feuerfeste Form mit ⅔ der Kartoffelscheiben auslegen. Spinat abtropfen lassen, mit Pfeffer und Muskat würzen und auf den Kartoffelscheiben verteilen.
3. Den Fisch mit Salz, Pfeffer und Zitronensaft würzen und auf den Spinat legen.
4. Tomaten waschen, Stielansatz entfernen, Tomaten in Scheiben schneiden. Tomaten und restliche Kartoffelscheiben im Wechsel dachziegelartig auf den Fisch legen.
5. Käse und Leinsamen mischen, über den Auflauf streuen und im vorgeheizten Backofen bei 225 Grad (Gas 4) 20 Minuten überbacken.

Pro Portion ca. 37 g Eiweiß, 6 g Fett, 29 g Kohlenhydrate (davon 14 g Ballaststoffe) = 1402 Joule (355 Kalorien)

Gemüsepfanne mit Eiern und Kresse

Auf dem Foto unten

Für 2 Portionen:
300 g Kartoffeln
Salz
300 g Salatgurke
400 g Tomaten
100 g Mais (aus der Dose)
2 Eier
2 Tl Öl
100 g Erbsen (tiefgekühlt)
Pfeffer a. d. Mühle
2–3 Tropfen Tabasco
1 Tablett Kresse
etwas Paprikapulver (edelsüß)

1. Kartoffeln waschen und mit Schale in Salzwasser 15–20 Minuten kochen.
2. Gurke waschen, halbieren, entkernen und in Scheiben schneiden. Die Tomaten überbrühen, abschrecken, häuten und vierteln. Den Mais in ein Sieb geben, abspülen und abtropfen lassen. Die Eier 8–10 Minuten kochen lassen.
3. Kartoffeln abgießen, pellen und in Scheiben schneiden. Das Öl erhitzen und die Kartoffeln darin anbraten. Mais, Erbsen, Tomaten und Gurken zugeben und zugedeckt 5 Minuten dünsten. Das Gemüse mit Salz, Pfeffer und Tabasco würzen und mit Kresse bestreuen.
4. Die Eier abschrecken, pellen, halbieren, mit Salz, Pfeffer und Paprika würzen und zur Gemüsepfanne servieren.

Pro Portion ca. 17 g Eiweiß, 12 g Fett, 29 g Kohlenhydrate (davon 14 g Ballaststoffe) = 1686 Joule (403 Kalorien)

Ballaststoff-Diät

Chili con carne

Auf dem Foto oben

Für 2 Portionen:
100 g Zwiebeln
300 g Paprikaschoten (möglichst rot, gelb und grün)
1 El Öl
125 g Beefsteakhack
200 g Tomaten (ersatzweise aus der Dose)
Salz
Pfeffer a. d. Mühle
1 Tl Tomatenmark
1 Tl Chilipulver
1 Knoblauchzehe
10 g Leinsamen
1 kleine Dose rote Bohnen (250 g EW)

1. Zwiebeln pellen, halbieren und in dünne Scheiben schneiden. Paprikaschoten vierteln, putzen, waschen und in 1 cm große Würfel schneiden.
2. Das Öl in einem Topf erhitzen und das Beefsteakhack darin rundherum braun anbraten. Zwiebeln und Paprika dazugeben, andünsten und mit ⅛ l Wasser ablöschen.
3. Tomaten waschen, Stielansatz entfernen, Tomaten vierteln und in den Topf geben. Mit Salz, Pfeffer, Tomatenmark, Chilipulver und der gepellten, durchgepreßten Knoblauchzehe würzen.
4. Das Ganze zugedeckt 10 Minuten schmoren lassen, Leinsamen zugeben, dann die Bohnen unterrühren und kurz heiß werden lassen.

Pro Portion ca. 30 g Eiweiß, 11 g Fett, 49 g Kohlenhydrate (davon 14 g Ballaststoffe) = 1875 Joule (448 Kalorien)

Basilikumkartoffeln mit Hähnchen-Gemüse-Ragout

Auf dem Foto unten

Für 2 Portionen:
500 g Tomaten (ersatzweise aus der Dose)
Salz
Pfeffer a. d. Mühle
100 g Möhren
100 g Champignons
200 g kleine Kartoffeln
200 g Hähnchenbrustfilet
2 Tl Öl
100 g Erbsen (tiefgekühlt)
2 El Weißwein
Cayennepfeffer
1 Bund Basilikum

1. Tomaten waschen, den Stielansatz entfernen, ⅔ der Tomaten vierteln, in einer Pfanne ohne Fett 5 Minuten dünsten und dann mit dem Schneidstab pürieren, mit Salz und Pfeffer würzen.
2. Die restlichen Tomaten achteln und beiseite stellen. Möhren waschen, schälen, halbieren und in dünne Scheiben schneiden. Champignons putzen, waschen und vierteln.
3. Kartoffeln waschen und mit Schale 20 Minuten in Salzwasser kochen.
4. Das Fleisch in Würfel schneiden, im heißen Öl rundherum anbraten und mit Salz und Pfeffer würzen. Erbsen, Pilze, Möhren und das Tomatenpüree zugeben und zugedeckt 10–15 Minuten garen.
5. Dann die Tomatenachtel zugeben, heiß werden lassen und mit Salz, Pfeffer, Weißwein und Cayennepfeffer abschmecken.
6. Kartoffeln abgießen, mit dem in Streifen geschnittenen Basilikum bestreuen, mit dem Ragout servieren.

Pro Portion ca. 32 g Eiweiß, 7 g Fett, 38 g Kohlenhydrate (davon 13 g Ballaststoffe) = 1549 Joule (370 Kalorien)

Lammeintopf mit Bohnen

Auf dem Foto oben

Für 2 Portionen:
500 g Lammkeule (250 g netto)
200 g Möhren
100 g Porree
2 Tl Öl
Salz
Pfeffer a. d. Mühle
100 g rote Bohnen (aus der Dose)
100 g weiße Bohnen (aus der Dose)
3 El Weizenkleie
1 Bund glatte Petersilie

1. Den Knochen aus der Lammkeule lösen und das Fett restlos entfernen. Das Fleisch in Würfel schneiden.
2. Möhren putzen, waschen und in Scheiben schneiden. Porree putzen, waschen und in Ringe schneiden.
3. Das Fleisch rundherum im heißen Öl anbraten, Möhren und Porree zugeben, ebenfalls anbraten. Mit ½ l Wasser auffüllen und den Eintopf zugedeckt 30 Minuten bei milder Hitze kochen lassen.
4. Den Eintopf mit Salz und Pfeffer würzen. Weiße und rote Bohnen und die Kleie unterrühren, noch mal aufkochen, mit gehackter Petersilie bestreuen und servieren.

Pro Portion ca. 34 g Eiweiß, 12 g Fett, 41 g Kohlenhydrate (davon 15 g Ballaststoffe) = 1854 Joule (443 Kalorien)

Bohnensalat

Auf dem Foto unten

Für 2 Portionen:
125 g rote Zwiebeln
2 Bund glatte Petersilie
2–3 El Weißweinessig
Salz
Pfeffer a. d. Mühle
1 Tl Öl
250 g Tomaten
250 g weiße Bohnen (aus der Dose)
3 El Weizenkleie
40 g Katenschinken (dünn geschnitten)

1. Zwiebeln pellen, halbieren und in dünne Spalten schneiden. Petersilie waschen, abtropfen lassen und die Blättchen von den Stengeln zupfen.
2. Essig mit Salz, Pfeffer, Zwiebeln und Petersilie verrühren. Zuletzt das Öl unterrühren.
3. Die Tomaten waschen, Stielansätze entfernen und Tomaten achteln. Die Bohnen in ein Sieb geben, unter fließendem Wasser abspülen und gut abtropfen lassen.
4. Tomaten und Bohnen mit der Salatsauce vermengen und 10–15 Minuten durchziehen lassen.
5. Vor dem Servieren die Kleie unter den Salat mischen. Den Fettrand vom Schinken restlos entfernen und den Schinken zum Salat servieren.

Pro Portion ca. 28 g Eiweiß, 6 g Fett, 66 g Kohlenhydrate (davon 16 g Ballaststoffe) = 1655 Joule (394 Kalorien)

Kalbsragout mit Pilzen und Vollkornnudeln

Auf dem Foto oben

Für 2 Portionen:
30 g getrocknete Steinpilze
100 g Zwiebeln
300 g Champignons
150 g mageres Kalbsschnitzel
1 Tl Öl
Salz
Pfeffer a. d. Mühle
100 g Vollkornnudeln
75 g saure Sahne
3 El Weizenkleie
1 Bund glatte Petersilie

1. Steinpilze in einem Sieb unter fließendem Wasser gut abbrausen, dann in ⅛ l Wasser einweichen.
2. Zwiebeln pellen und fein würfeln. Champignons putzen, waschen und vierteln. Das Kalbfleisch in Streifen schneiden.
3. Das Öl erhitzen und das Fleisch darin rundherum anbraten. Zwiebeln und Champignons zugeben, kurz andünsten und mit Salz und frisch gemahlenem Pfeffer würzen.
4. Die Steinpilze mit dem Einweichwasser unterrühren und das Ganze bei mittlerer Hitze 10 Minuten garen.
5. Nudeln in kochendes Salzwasser geben, 10–12 Minuten garen, abgießen, kurz abschrecken und gut abtropfen lassen.
6. Saure Sahne mit der Kleie verrühren, die Ragoutsauce damit binden und nicht mehr kochen lassen. Petersilie von den Stengeln zupfen und über das Ragout streuen. Die Nudeln dazu servieren.

Pro Portion ca. 32 g Eiweiß, 10 g Fett, 56 g Kohlenhydrate (davon 16 g Ballaststoffe) = 1929 Joule (461 Kalorien)

Kalbsleber mit Erbsenpüree und Apfelkompott

Auf dem Foto unten

Für 2 Portionen:
10 g Butter oder Margarine
450 g Erbsen (tiefgekühlt)
4 El Milch
300 g Äpfel
1–2 Tl Zitronensaft
Süßstoff nach Geschmack
Salz
Pfeffer a. d. Mühle
Muskatnuß (frisch gerieben)
1 Tablett Kresse
200 g Kalbsleber
1 Tl Öl
½ Tl Majoran (getrocknet)

1. Butter oder Margarine in einem Topf zerlassen. Erbsen dazugeben, kurz darin andünsten und mit der Milch auffüllen. Das Ganze zugedeckt bei milder Hitze 10 Minuten dünsten.
2. Äpfel schälen, vierteln, Kerngehäuse entfernen und das Fruchtfleisch würfeln. Äpfel mit Zitronensaft, Süßstoff und 3 El Wasser zugedeckt 5–10 Minuten dünsten.
3. Die Erbsen mit dem Schneidstab des Handrührers pürieren, mit Salz, Pfeffer und Muskat abschmecken und mit Kresse bestreuen.
4. Die Leber im heißen Öl bei mittlerer Hitze von jeder Seite 2–3 Minuten braten, dann mit Salz, Pfeffer und Majoran würzen. Leber mit Erbsenpüree und Apfelkompott servieren.

Pro Portion ca. 35 g Eiweiß, 13 g Fett, 51 g Kohlenhydrate (davon 20 g Ballaststoffe) = 1990 Joule (475 Kalorien)

Kalbsschnitzel mit Broccoli und Champignons. Rezept auf Seite 242

*Käsekugeln
mit Feldsalat.
Rezept auf Seite 243*

241

Die nachfolgende Diät ist eine reduzierte Mischkost mit 1500 Kalorien pro Tag. Das sind morgens ca. 400 kcal, mittags 500, abends 300 und zwei Zwischengerichte mit 100 und 200 kcal. Die 7-Tage-Diät ist ein Beispiel, wie eine »schlanke Woche« aussehen kann. Da sie nicht einseitig ist, kann sie aber über Wochen durchgeführt werden. So nehmen Sie langsam, aber sicher bis zu zwei Pfund in der Woche ab. Berufstätige können Mittag- und Abendessen tauschen. Für alle, die viel unterwegs sind, haben wir auf Seite 263 schnelle Zwischengerichte zusammengestellt. Und wer bestimmte Obst- und Gemüsesorten nicht mag oder nicht bekommt, bedient sich der Austauschtabellen auf den Seiten 251 und 255. Oder er stellt sich nach obigem Schema seine eigene Diät mit Rezepten dieses Buches zusammen.

morgens

Melonen-Frühstück
Ohne Foto

Für 2 Portionen:
2 Scheiben Vollkornbrot (à 50 g)
10 g Butter oder Margarine
200 g Lachsschinken ohne Fettrand
600 g Honigmelone
schwarzer Pfeffer a. d. Mühle

1. Vollkornbrot mit Butter oder Margarine bestreichen und mit Lachsschinken belegen.
2. Melone halbieren, die Kerne entfernen, Melone in Spalten schneiden, mit Pfeffer bestreuen und zum Brot servieren.

Pro Portion ca. 25 g Eiweiß, 9 g Fett, 45 g Kohlenhydrate = 1595 Joule (381 Kalorien)

mittags

Kalbsschnitzel mit Broccoli und Champignons
Zum Foto auf den Seiten 240/241

Für 2 Portionen:
200 g Champignons
1 kleine Zwiebel (15 g)
10 g Butter oder Margarine
4 El Kondensmilch (4%)
Salz
Pfeffer a. d. Mühle
375 g Broccoli
2 El Öl
4 sehr dünne Kalbsschnitzel (à 60 g)
Thymian

1. Champignons putzen, waschen, in Scheiben schneiden. Zwiebel pellen und sehr fein würfeln. Butter oder Margarine in einer Pfanne zerlassen und die Zwiebel darin glasig dünsten. Pilze zugeben und dünsten, bis die Flüssigkeit verdampft ist. Milch dazugeben, einkochen, salzen, pfeffern und warm halten.
2. Den Broccoli putzen, waschen, 5 Minuten in Salzwasser garen und abgießen (Flüssigkeit auffangen), den Broccoli warm halten.
3. Das Öl in einer beschichteten Pfanne erhitzen. Die Kalbsschnitzel darin von jeder Seite ½ Minute braten, mit Salz, Pfeffer und Thymian würzen und auf vorgewärmten Tellern anrichten.
4. Bratensatz mit 2 El Broccoliwasser ablöschen, über das Fleisch gießen. Die Champignons auf den Kalbsschnitzeln anrichten und den Broccoli dazu reichen.

Pro Portion ca. 37 g Eiweiß, 20 g Fett, 16 g Kohlenhydrate = 1652 Joule (394 Kalorien)

abends

Käsekugeln mit Feldsalat

Zum Foto auf den Seiten 240/241

Für 2 Portionen:
200 g Magerquark
1 El geriebener Kräuterkäse
(z. B. Schabziger)
1 Eigelb
2 El gemischte, gehackte Kräuter
Paprikapulver (edelsüß)
100 g Feldsalat
1 El Essig
Salz
Pfeffer a. d. Mühle
½ rote Zwiebel (ca. 30 g)
2 Tl Öl
2 Scheiben Pumpernickel

1. Quark in einem Tuch leicht aus-pressen, mit dem Kräuterkäse und dem Eigelb verrühren.
2. 16 Kugeln aus der Masse formen, 8 Kugeln in den gehackten Kräutern und 8 Kugeln in dem Paprikapulver wälzen und kalt stellen.
3. Feldsalat putzen, waschen und gut abtropfen lassen. Aus Essig, 1 El Was-ser, Salz, Pfeffer, der sehr fein gewür-felten Zwiebel und dem Öl eine Salat-sauce rühren und mit dem Feldsalat vermengen.
4. Salat mit den Käsekugeln anrich-ten, mit Pumpernickel servieren.

Pro Portion ca. 20 g Eiweiß, 9 g Fett, 27 g Koh-lenhydrate = 1204 Joule (288 Kalorien)

dazwischen

Joghurt mit Sanddorn

Ohne Foto

Für 2 Portionen:
350 g Magermilchjoghurt
2 El Sanddorn mit Honig (aus dem
Reformhaus)

1. Magermilchjoghurt gleichmäßig mit Sanddorn verrühren.
2. Den Joghurt in Gläser füllen.

Pro Portion ca. 8 g Eiweiß, 6 g Fett, 11 g Koh-lenhydrate = 544 Joule (130 Kalorien)

●●●●●●●●●●●●●●●●●●●●●●●●●●●

Unser Tip: Anstelle des Joghurts kön-nen Sie auch Butter- oder Dickmilch verwenden.

●●●●●●●●●●●●●●●●●●●●●●●●●●●

Birne mit Dill-Krabben

Ohne Foto

Für 2 Portionen:
1 Birne (ca. 250 g)
150 g Krabbenfleisch
1 El Öl
1 El Zitronensaft
Salz
Pfeffer a. d. Mühle
1 Bund Dill

1. Die Birne schälen, halbieren und das Kerngehäuse entfernen.
2. Krabbenfleisch mit Öl und Zitro-nensaft marinieren, mit Salz, Pfeffer und gehacktem Dill würzen und gut durchziehen lassen.
3. Die Krabbenmischung in die Bir-nenhälften füllen.

Pro Portion ca. 15 g Eiweiß, 7 g Fett, 15 g Koh-lenhydrate = 766 Joule (183 Kalorien)

*Pilzgulasch
 mit Petersilien-
Kartoffelpüree.
Rezept auf Seite 246*

Pikant belegte
Bücklingsfilets.
Rezept auf Seite 246

morgens

Apfel-Müsli
Ohne Foto

Für 2 Portionen:
8 El Müsli-Mischung (aus dem
Reformhaus, ohne Zuckerzusatz)
2 Äpfel
4 El Joghurt
150 ccm Milch
evtl. Süßstoff

1. Müsli-Mischung auf 2 Schälchen
verteilen. Die Äpfel waschen und dar-
überraspeln.
2. Joghurt mit der Milch verrühren
und über das Müsli geben. Nach
Wunsch mit Süßstoff süßen.

Pro Portion ca. 9 g Eiweiß, 9 g Fett, 55 g Kohlenhydrate = 1424 Joule (320 Kalorien)

mittags

Pilzgulasch mit Petersilien-Kartoffelpüree
Zum Foto auf den Seiten 244/245

Für 2 Portionen:
10 g durchwachsener Speck
200 g Rumpsteak ohne Fettrand
4 Schalotten (ca. 30 g)
1 Knoblauchzehe
Paprikapulver (edelsüß)
¼ l Brühe
1 Lorbeerblatt
2 Bund glatte Petersilie
Thymian
500 g Champignons
1 Möhre (50 g), Salz
2 El Magermilchjoghurt
1 El Tomatenketchup
2 Tropfen Tabasco, 1 El Weinbrand
50 g Kartoffelpüreepulver
2 El Milch

1. Speck sehr fein würfeln, ausbraten,
die Speckwürfel herausnehmen, nicht
weiter verwenden.
2. Rumpsteak in Streifen schneiden,
im Speckfett kräftig anbraten. Schalotten und Knoblauch pellen, Schalotten unzerteilt zum Fleisch geben,
Knoblauch durch die Presse dazu-
drücken. Paprikapulver unterrühren
und mit der Brühe auffüllen. Lorbeer,
2 Stiele Petersilie und Thymian zugeben, 30 Minuten leise schmoren.
3. Inzwischen Pilze und Möhre putzen, waschen und in Scheiben schneiden. Beides in den letzten 10 Minuten
zum Fleisch geben.
4. Nach Ende der Garzeit das Gulasch mit Salz und Paprika abschmekken. 2 El von der Schmorflüssigkeit
abnehmen, mit Joghurt, Ketchup, Tabasco und Weinbrand verrühren, unter das Gulasch ziehen, heiß werden
lassen, nicht mehr kochen.
5. Kartoffelpüreepulver mit ¼ l Wasser und der Milch nach Vorschrift zubereiten, mit der restlichen, sehr fein
gehackten Petersilie vermengen.

Pro Portion ca. 32 g Eiweiß, 15 g Fett, 34 g Kohlenhydrate = 1817 Joule (434 Kalorien)

abends

Pikant belegte Bücklingsfilets
Zum Foto auf den Seiten 244/245

Für 2 Portionen:
50 g Champignons
1 Tl Öl
Salz, Pfeffer a. d. Mühle
1 Bückling (300 g, pro Filet
ca. 100 g netto)
50 g Rote Bete (eingelegt)
30 g Perlzwiebeln (a. d. Glas)
1 Ei, Petersilie

1. Champignons putzen, waschen, in Scheiben schneiden und in einer beschichteten Pfanne im Öl goldbraun braten. Pilze mit Salz und Pfeffer würzen, abkühlen lassen.
2. Bückling häuten und von den Gräten lösen. Rote Bete und Zwiebeln abtropfen lassen. Rote Bete mit dem Buntmesser in mundgerechte Stücke schneiden.
3. Ei 8–10 Minuten kochen, kalt abschrecken, pellen und halbieren. Alles mit dem Bücklingsfilet anrichten und mit Petersilie garnieren.

Pro Portion ca. 18 g Eiweiß, 25 g Fett, 3 g Kohlenhydrate = 957 Joule (228 Kalorien)

dazwischen

Möhren-Rohkost mit Ingwer
Ohne Foto

Für 2 Portionen:
200 g Möhren
1 Apfel (ca. 100 g)
Saft von ½ Zitrone
1 Prise Salz
1 Tl Zucker
1 Messerspitze Ingwer (frisch gerieben, ersatzweise Ingwerpulver)
1 Tl Öl

1. Die Möhren waschen, schälen und fein raspeln. Den Apfel waschen und grob raspeln.
2. Zitronensaft mit Salz, Zucker, Ingwer und Öl verrühren, über die Rohkost geben und mit zwei Gabeln durchmischen.

Pro Portion ca. 1 g Eiweiß, 3 g Fett, 13 g Kohlenhydrate = 347 Joule (83 Kalorien)

Obstsalat mit Sahnehäubchen
Ohne Foto

Für 2 Portionen:
1 kleiner Apfel (ca. 100 g)
1 Orange (ca. 150 g)
1 kleine Banane (ca. 100 g)
1 El Obstwasser
Zitronensaft
4 El Schlagsahne

1. Apfel schälen, vierteln, Kerngehäuse entfernen, Apfel in Stücke schneiden. Orange wie einen Apfel schälen und filieren. Banane schälen und in Scheiben schneiden.
2. Obstwasser und Zitronensaft verrühren und sofort mit dem Obst vermengen.
3. Schlagsahne steif schlagen und auf den Obstsalat geben.

Pro Portion ca. 2 g Eiweiß, 8 g Fett, 18 g Kohlenhydrate = 694 Joule (166 Kalorien)

So sparen Sie Kalorien:
● Zum Braten eine beschichtete Pfanne verwenden.
● In Alufolie oder im Tontopf garen; das spart Fett.
● Bratensauce oder Brühen kurz abkühlen lassen und eventuelles Fett abschöpfen.
● Saucen nicht mit Mehl andikken, sondern einkochen lassen.
● Als Streichfett Halbfett-Butter oder -Margarine verwenden.
● Joghurt oder saure Sahne anstatt Mayonnaise verwenden.
● Schlagsahne zur Hälfte mit geschlagenem Eiweiß versetzen.

*Kümmelkartoffeln
mit Hackfleischsauce.
Rezept auf Seite 250*

Hirtensalat mit Schafskäse. Rezept auf Seite 250

morgens

Frühstück mit dreierlei Belag
Ohne Foto

Für 2 Portionen:
1 Brötchen
10 g Halbfett-Margarine oder -Butter
2 Scheiben magerer, gekochter Schinken (à 25 g)
2 Scheiben Vollkornbrot (à 50 g)
30 g Leberpastete
40 g Schmelzkäse (20%)

1. Brötchen mit der Hälfte der Margarine oder Butter bestreichen und mit Schinken belegen.
2. 1 Scheibe Vollkornbrot mit der restlichen Margarine oder Butter und der Pastete bestreichen. Auf die zweite Scheibe den Schmelzkäse streichen.

Pro Portion ca. 17 g Eiweiß, 12 g Fett, 37 g Kohlenhydrate = 1447 Joule (345 Kalorien)

mittags

Kümmelkartoffeln mit Hackfleischsauce
Zum Foto auf den Seiten 248/249

Für 2 Portionen:
2 große Kartoffeln (à 200 g)
Salz, Kümmel, 50 g Zwiebeln
100 g Paprikaschote
20 g Bacon, 2 Tl Öl
150 g Beefsteakhack (Tatar)
1 El Tomatenmark, Pfeffer a. d. Mühle
Paprikapulver (edelsüß)
100 g Tomaten, 1 El Schlagsahne

1. Kartoffeln gut waschen, evtl. bürsten, in Salzwasser mit reichlich Kümmel etwa 35 Minuten garen, abgießen und gut abdämpfen.

2. Inzwischen Zwiebeln pellen und würfeln. Paprikaschote putzen, waschen und ebenfalls würfeln. Bacon in sehr feine Würfel schneiden.
3. Bacon im Öl ausbraten, dann Zwiebeln und Paprika darin andünsten. Beefsteakhack etwas zerpflücken und unter Rühren anbraten.
4. 1/8 l Wasser dazugeben, Tomatenmark unterrühren, mit Salz, Pfeffer und Paprikapulver würzen und leise schmoren lassen.
5. Tomaten überbrühen, abschrecken, häuten und vierteln. Tomaten mit der Sahne zur Hackmasse geben, weitere 5 Minuten bei milder Hitze schmoren, nicht zu oft rühren, damit die Tomaten nicht zerfallen. Zu den Kartoffeln servieren.

Pro Portion ca. 23 g Eiweiß, 14 g Fett, 46 g Kohlenhydrate = 1373 Joule (418 Kalorien)

abends

Hirtensalat mit Schafskäse
Zum Foto auf den Seiten 248/249

Für 2 Portionen:
1 Kopfsalat
2 kleine Zwiebeln
150 g Paprikaschote
150 g Tomaten
5 gefüllte Oliven
1 El Essig
Salz
Pfeffer a. d. Mühle
1 El gehackte Petersilie
1 El Schnittlauchröllchen
1 El Öl
50 g Schafskäse
2 Roggenbrötchen (à 45 g)

1. Salat putzen, waschen und gut abtropfen lassen. Zwiebeln pellen und in Ringe schneiden. Paprikaschote putzen, halbieren, waschen und quer in feine Streifen schneiden. Tomaten waschen und achteln. Oliven in Scheiben schneiden.
2. Die Salatzutaten in einer Schüssel anrichten.
3. Aus Essig, 2 El Wasser, Salz, Pfeffer, Kräutern und Öl eine Sauce rühren und über den Salat gießen.
4. Den Schafskäse durch die Knoblauchpresse direkt über den Salat pressen. Die Roggenbrötchen zum Salat servieren.

Pro Portion ca. 11 g Eiweiß, 13 g Fett, 40 g Kohlenhydrate = 1322 Joule (315 Kalorien)

dazwischen

Kalte Tomatensuppe
Ohne Foto

Für 2 Portionen:
200 g Tomaten
1 Salatgurke (ca. 600 g)
Zwiebelsalz
1 Tl Essig
Knoblauchsalz
Cayennepfeffer
1 Tl Öl
50 g Staudensellerie
50 g Paprikaschote
1 Bund Radieschen

1. Tomaten überbrühen, abschrecken, häuten, halbieren und entkernen. Gurke schälen und halbieren.
2. Tomaten und eine Gurkenhälfte pürieren, mit den Gewürzen abschmecken, mit dem Öl glattrühren und kalt stellen.
3. Sellerie, Paprika und Radieschen putzen, waschen und zusammen mit der restlichen Gurke in Streifen schneiden.
4. Suppe eiskalt servieren. Das Gemüse getrennt dazu reichen.

Pro Portion ca. 3 g Eiweiß, 3 g Fett, 9 g Kohlenhydrate = 314 Joule (75 Kalorien)

Nelkenpfirsich
Ohne Foto

Für 2 Portionen:
2 frische Pfirsiche
8 Nelken, 10 g Butter
20 g Mandeln (gehackt), Süßstoff

1. Pfirsiche überbrühen, abschrecken, häuten und mit den Nelken spicken.
2. Zwei genügend große Stücke Alufolie mit der zerlassenen Butter bestreichen. Je einen Pfirsich daraufsetzen und mit Mandeln bestreuen. Nach Wunsch mit Süßstoff beträufeln.
3. Alufolie verschließen und Pfirsiche im vorgeheizten Backofen bei 200 Grad (Gas 3) 20–30 Minuten backen.

Pro Portion ca. 3 g Eiweiß, 10 g Fett, 14 g Kohlenhydrate = 661 Joule (158 Kalorien)

Wenn Sie eine Gemüsesorte austauschen möchten – 50 Kalorien entsprechen:

200 g Blumenkohl
230 g Champignons
300 g Chicoree
700 g Gurke
  70 g Kartoffeln
400 g Kopfsalat
200 g Paprikaschoten
220 g Porree
200 g Sellerie
350 g Spargel
300 g Spinat
300 g Tomaten
(jeweils käufliche Rohware)

Bunte Gemüsesuppe.
Rezept auf Seite 254

*Toast mit
Harzer und Tomaten.
Rezept auf Seite 255*

253

morgens

Grapefruit mit Honig, Schinken und Roastbeef
Ohne Foto

Für 2 Portionen:
1 Grapefruit (ca. 250 g)
2 El Honig (flüssig)
4 Scheiben Knäckebrot
20 g Butter oder Margarine
2 Scheiben Lachsschinken (à 50 g)
2 Scheiben Roastbeef (à 40 g)
1 Tablett Kresse
10 Salatgurkenscheiben
Salz, Pfeffer a. d. Mühle

1. Die Grapefruit halbieren und mit Honig süßen.
2. Knäckebrot mit Butter oder Margarine bestreichen, 2 Scheiben mit Lachsschinken, zwei Scheiben mit Roastbeef belegen. Die Brote mit Kresse und Gurkenscheiben garnieren und mit Salz und Pfeffer würzen.

Pro Portion ca. 21 g Eiweiß, 18 g Fett, 44 g Kohlenhydrate = 1757 Joule (420 Kalorien)

mittags

Bunte Gemüsesuppe
Zum Foto auf den Seiten 252/253

Für 2 Portionen:
1 kleine Zwiebel
1 Knoblauchzehe
5 g Butterschmalz
½ l Brühe (Instant)
1 Lorbeerblatt
3 Stiele glatte Petersilie
100 g Möhren
200 g Kohlrabi
100 g Kartoffeln
100 g Blumenkohl
Salz
Pfeffer a. d. Mühle
etwas Thymian (getrocknet)
100 g Tomaten
150 g Rumpsteak ohne Fettrand
½ Bund Basilikum
1 El Schnittlauchröllchen

1. Zwiebel und Knoblauch pellen, fein würfeln und im Butterschmalz glasig dünsten. Mit Brühe auffüllen, Lorbeer und die gewaschene, gehackte Petersilie dazugeben.
2. Möhren, Kohlrabi und Kartoffeln waschen, schälen, in Stifte schneiden und in die Brühe geben. Blumenkohl in Röschen teilen, waschen, putzen und ebenfalls in die Brühe geben. Mit Salz, frisch gemahlenem Pfeffer und dem etwas zerrebelten Thymian würzen. Die Suppe zugedeckt 10 Minuten leise kochen lassen.
3. Tomaten überbrühen, kalt abschrecken, häuten, vierteln, entkernen, in die Suppe geben und nur noch heiß werden lassen.
4. Rumpsteak in sehr dünne Scheiben schneiden, auf vorgewärmte Teller verteilen, mit der heißen Suppe begießen und mit frisch gehacktem Basilikum und Schnittlauchröllchen bestreuen.

Pro Portion ca. 22 g Eiweiß, 14 g Fett, 24 g Kohlenhydrate = 1264 Joule (302 Kalorien)

abends

Toast mit Harzer und Tomaten
Zum Foto auf den Seiten 252/253

Für 2 Portionen:
2 Scheiben Vollkorntoast
2 Tl Halbfett-Butter oder
-Margarine
2 Salatblätter
100 g Tomaten
100 g Harzer Käse
etwas scharfer Senf
1 kleine Zwiebel (in Ringen)
100 g Lachsschinken
(dünn geschnitten)
Kresse zum Garnieren

1. Brot toasten, kalt werden lassen und mit Butter oder Margarine bestreichen.
2. Je ein Salatblatt darauflegen.
3. Tomaten und Harzer Käse in Scheiben schneiden, auf die Brote verteilen. Käse mit Senf bestreichen und die Zwiebelringe darauf anrichten.
4. Lachsschinken zusammenrollen, auf die Tomaten legen und mit Kresse bestreuen.

Pro Portion ca. 27 g Eiweiß, 7 g Fett, 19 g Kohlenhydrate = 1125 Joule (264 Kalorien)

dazwischen

Zimt-Buttermilch
Ohne Foto

Für 2 Portionen:
200 ccm Buttermilch
2 El Puderzucker
Zimt

1. Buttermilch mit Zucker verrühren und mit Zimt würzen.
2. Die Milch in Gläser füllen.

Pro Portion ca. 4 g Eiweiß, 1 g Fett, 19 g Kohlenhydrate = 453 Joule (101 Kalorien)

Gefüllte Tomaten
Ohne Foto

Für 2 Portionen:
200 g Quark (20%)
3 El Milch
je 1 El Petersilie, Dill und
Basilikum (gehackt)
½ kleine Zwiebel
Knoblauchpulver
Salz
2 große, feste Tomaten

1. Den Quark mit der Milch glattrühren. Die gehackten Kräuter und die gepellte, gewürfelte Zwiebel unterrühren und mit Knoblauchpulver und Salz abschmecken.
2. Tomaten waschen, halbieren, aushöhlen und mit dem Quark füllen.

Pro Portion ca. 3 g Eiweiß, 6 g Fett, 10 g Kohlenhydrate = 444 Joule (106 Kalorien)

Wenn Sie eine Obstsorte austauschen möchten – 50 Kalorien entsprechen:

100 g Apfel
90 g Banane
90 g Birne
130 g Erdbeeren
210 g Grapefruit
90 g Heidelbeeren
130 g Himbeeren
140 g Johannisbeeren
100 g Kirschen
140 g Mandarinen
130 g Orange
120 g Pfirsich
450 g Wassermelone
70 g Weintrauben
(jeweils mit Kern oder Schale)

Gratinierter Rosenkohl.
Rezept auf Seite 258

Tatar auf
Vollkornbrot.
Rezept auf Seite 258

morgens

Birnen-Trauben-Müsli
Ohne Foto

Für 2 Portionen:
4 El kernige Haferflocken
10 Weintrauben
2 Birnen
250 g Kefir (aus Magermilch)
Zitronensaft
Süßstoff
1 El Haselnüsse (gehackt)

1. Haferflocken auf zwei Schälchen verteilen. Die halbierten, entkernten Trauben und die gewürfelten Birnen darübergeben.
2. Kefir verrühren, mit Zitronensaft und Süßstoff abschmecken, über das Müsli gießen und mit den Nüssen bestreuen.

Pro Portion ca. 10 g Eiweiß, 12 g Fett, 36 g Kohlenhydrate = 1371 Joule (327 Kalorien)

mittags

Gratinierter Rosenkohl
Zum Foto auf den Seiten 256/257

Für 2 Portionen:
600 g Rosenkohl (tiefgekühlt)
Salz
5 g Butter oder Margarine
125 g Kasseler (mager)
Pfeffer a. d. Mühle
½ Brühwürfel
75 g Edamer Käse (45%)

1. Rosenkohl in wenig Salzwasser 5 Minuten garen, dann gut abtropfen lassen, die Kochflüssigkeit auffangen.
2. Eine feuerfeste Form ausfetten. Kasseler in Streifen schneiden, zusammen mit dem heißen Rosenkohl in die Form geben und mit Pfeffer würzen.
3. Den Brühwürfel in 50 ccm Rosenkohlwasser auflösen und in die Form gießen.
4. Edamer grob raspeln, über Kohl und Kasseler verteilen. Das Ganze in den vorgeheizten Ofen schieben und bei 200 Grad (Gas 3) ca. 10 Minuten überbacken, bis der Käse geschmolzen ist.

Pro Portion ca. 34 g Eiweiß, 30 g Fett, 22 g Kohlenhydrate = 2159 Joule (514 Kalorien)

abends

Tatar auf Vollkornbrot
Zum Foto auf den Seiten 256/257

Für 2 Portionen:
50 g Paprikaschote
2 Zwiebeln (ca. 50 g)
10 gefüllte grüne Oliven
1 Gläschen Kapern (30 g)
2 Scheiben Vollkornbrot
200 g Tatar (Beefsteakhack)
Salz, Pfeffer a. d. Mühle
Paprikapulver (edelsüß)
glatte Petersilie zum Garnieren

1. Paprikaschote putzen, waschen und in feine Würfel schneiden. Zwiebeln pellen und in Ringe schneiden.
2. Oliven und Kapern abspülen und

abtropfen lassen. Vollkornbrote auf Teller legen, das Tatar dazugeben, mit Salz, Pfeffer und Paprikapulver würzen, nicht vermengen.

3. Alle anderen Zutaten darum anrichten und mit Petersilie garnieren.

Pro Portion ca. 24 g Eiweiß, 9 g Fett, 18 g Kohlenhydrate = 1131 Joule (269 Kalorien)

dazwischen

Melone mit Schinken
Ohne Foto

Für 2 Portionen:
200 g Melone
50 g Parmaschinken (oder Rindersaft-schinken oder Bündner Fleisch)
Pfeffer a. d. Mühle

1. Melonenstück im Kühlschrank kühlen, dann in zwei Spalten schneiden und auf zwei Tellern anrichten.
2. Den Schinken zusammenrollen, auf die Melone legen und Pfeffer darübermahlen.

Pro Portion ca. 10 g Eiweiß, 2 g Fett, 6 g Kohlenhydrate = 343 Joule (82 Kalorien)

Orangenquark
Ohne Foto

Für 2 Portionen:
150 g Magerquark
Saft von ½ Zitrone
Süßstoff
2 kleine Orangen
1 Tl Vanillezucker
1 Msp. fein abgeriebene Orangenschale
(von einer unbehandelten Frucht oder
getrocknete)
1 El Orangenlikör

1. Den Magerquark mit Zitronensaft und Süßstoff verrühren. 1 Orange halbieren, auspressen und den Saft unterrühren. Den Quark mit Vanillezucker und der abgeriebenen Orangenschale abschmecken.
2. Die zweite Orange wie einen Apfel schälen, dabei die weiße Haut vollständig entfernen. Die Filets aus den Trennhäuten lösen, mit Orangenlikör übergießen und auf dem Quark anrichten.

Pro Portion ca. 12 g Eiweiß, 0 g Fett, 13 g Kohlenhydrate = 515 Joule (123 Kalorien)

Folgende Nahrungs-, Genußmittel und Getränke dürfen Sie ohne Kalorienberechnung verzehren:

● Alle frischen Kräuter
● Alle getrockneten Gewürze und Gewürzmischungen
● Zitronenschale
● Vanilleschoten
● Frischen Meerrettich
● Kresse
● Alle Kaffee- und alle Teesorten ohne Zucker und Milch
● Mineralwasser
● Zitronensaft

*Kabeljau mit
Pilzen und Kräuterreis.
Rezept auf Seite 262*

Staudensellerie mit
Roquefort-Frischkäse.
Rezept auf Seite 262

morgens

Frühstück mit garniertem Frischkäse
Ohne Foto

Für 2 Portionen:
200 g körniger Frischkäse
2 Tomaten, 6 Radieschen
8 Gurkenscheiben
2 El gemischte, gehackte Kräuter
2 Scheiben Knäckebrot
2 Scheiben Roggenmischbrot (à 40 g)
10 g Halbfett-Butter oder
-Margarine, 2 El Honig

1. Frischkäse auf zwei Teller verteilen. Tomaten und Radieschen waschen, in Scheiben schneiden und mit Gurken und Kräutern um den Frischkäse legen. Das Knäckebrot dazu reichen.
2. Roggenmischbrot mit Butter oder Margarine und Honig bestreichen.

Pro Portion ca. 27 g Eiweiß, 8 g Fett, 51 g Kohlenhydrate = 1533 Joule (365 Kalorien)

mittags

Kabeljau mit Pilzen und Kräuterreis
Zum Foto auf den Seiten 260/261

Für 2 Portionen:
30 g durchwachsener Speck
40 g Zwiebeln
100 g Champignons
400 g Kabeljau im Stück
Salz
3 El Weißwein
1 El Sojasauce
2 El Kondensmilch (4%)
60 g Reis
½ l Brühe (Instant)
2 El gemischte, gehackte Kräuter
Zitronenscheiben zum Garnieren

1. Speck in kleine Würfel schneiden. Zwiebeln pellen und in hauchdünne Ringe schneiden. Die Champignons putzen, waschen, abtropfen lassen und in Scheiben schneiden.
2. Speck auslassen, Zwiebeln und Pilze darin glasig dünsten und in eine ofenfeste Form umfüllen.
3. Kabeljau abspülen, trockentupfen, mit Salz würzen und auf die Pilze legen. Wein, Sojasauce und Kondensmilch verrühren und darübergießen. Form mit Alufolie verschließen. Den Fisch im vorgeheizten Backofen bei 200 Grad (Gas 3) ca. 30 Minuten zugedeckt garen. Nach 15 Minuten die Folie abnehmen.
4. Inzwischen den Reis mit der kochenden Brühe übergießen, zugedeckt 20 Min. ausquellen lassen und mit ⅔ der Kräuter vermengen. Den Rest über das Gemüse streuen. Fisch mit Zitronenscheiben garnieren.

Pro Portion ca. 41 g Eiweiß, 12 g Fett, 29 g Kohlenhydrate = 1760 Joule (420 Kalorien)

abends

Staudensellerie mit Roquefort-Frischkäse
Zum Foto auf den Seiten 260/261

Für 2 Portionen:
½ Staudensellerie (ca. 200 g)
200 g körniger Frischkäse
20 g Roquefort
1 Eigelb
Salz
Pfeffer a. d. Mühle
2 Roggenbrötchen

1. Staudensellerie putzen, waschen, evtl. auf der runden Seite mit einem Kartoffelschäler dünn abschälen. Sellerie in längere Stücke schneiden.
2. Frischkäse gleichmäßig mit dem Roquefort vermengen, das Eigelb unterrühren und mit Salz und Pfeffer würzen.
3. Frischkäse mit den Selleriestücken servieren. Die Roggenbrötchen in Scheiben schneiden, dazu reichen.

Pro Portion ca. 22 g Eiweiß, 11 g Fett, 33 g Kohlenhydrate = 1418 Joule (338 Kalorien)

dazwischen

Radieschensalat mit Ei
Ohne Foto

Für 2 Portionen:
3 Bund Radieschen
1 Tl Essig, 1 El Öl
Salz, Pfeffer a. d. Mühle
1 hartgekochtes Ei
1 El Schnittlauchröllchen

1. Radieschen putzen, waschen und in Scheiben schneiden, mit Essig, Öl und den Gewürzen mischen und auf Glastellern anrichten.
2. Das Ei pellen, vierteln und mit den Schnittlauchröllchen über die Radieschen geben.

Pro Portion ca. 4 g Eiweiß, 7 g Fett, 2 g Kohlenhydrate = 364 Joule (87 Kalorien)

Kirschkaltschale
Ohne Foto

Für 2 Portionen:
500 g Sauerkirschen
20 g Sago
Süßstoff
1 Tl Zitronensaft
10 g Mandelblättchen

1. Sauerkirschen waschen, entstielen, entsteinen und in ½ l Wasser 15 Minuten leise kochen.
2. Sago zugeben, aufkochen lassen und bei milder Hitze in 20–25 Minuten ausquellen lassen.
3. Alles erkalten lassen, mit Süßstoff und Zitronensaft abschmecken und mit Mandelblättchen bestreuen.

Pro Portion ca. 3 g Eiweiß, 4 g Fett, 38 g Kohlenhydrate = 837 Joule (200 Kalorien)

Zwischengerichte für unterwegs mit 100 Kalorien:

250 g Erdbeeren
250 g Himbeeren
2 kleine Äpfel
200 g Pflaumen
150 g Weintrauben
2 kleine Pfirsiche
1 Glas Buttermilch
1 Glas Orangensaft
1 Glas Tomatensaft
1 Becher fettarmer Fruchtjoghurt (150 g)
2 Kugeln Eis
1 Brötchen
1 Scheibe Knäckebrot mit 25 g rohem Schinken oder Corned beef
1 Ei mit Senf
10 Mandeln
4 Walnüsse

*Labskaus mit
Spiegelei.
Rezept auf Seite 266*

Artischocken mit Vinaigrette. Rezept auf Seite 266

morgens

Pfirsich-Müsli
Ohne Foto

Für 2 Portionen:
6 El Müsli-Mischung (aus dem
Reformhaus, ohne Zuckerzusatz)
¼ l Buttermilch
2 El Sanddorn mit Honig
2 Pfirsiche

1. Die Müsli-Mischung auf zwei Schälchen verteilen. Buttermilch mit Sanddorn verrühren und über die Müsli-Mischung geben.
2. Pfirsiche waschen, halbieren, entsteinen, in Spalten schneiden und auf dem Müsli anrichten.

Pro Portion ca. 9 g Eiweiß, 5 g Fett, 61 g Kohlenhydrate = 1410 Joule (336 Kalorien)

mittags

Labskaus mit Spiegelei
Zum Foto auf den Seiten 264/265

Für 2 Portionen:
200 g Kartoffeln
Salz
100 g Zwiebeln
2 Tl Öl
200 g Corned beef (deutsches)
200 g Senfgurken
Pfeffer a. d. Mühle
2 Eier
200 g Rote Bete

1. Kartoffeln waschen, schälen, grob zerkleinern, in wenig Salzwasser gar kochen, abgießen, abdämpfen und durch die Kartoffelpresse drücken.

2. Die Zwiebeln pellen, würfeln und in 1 Tl Öl glasig dünsten. Corned beef zerpflücken, dazugeben und gut verrühren.
3. Die Hälfte der Senfgurken würfeln, zusammen mit dem Kartoffelpüree unter die Fleischmasse rühren und herzhaft mit Salz und Pfeffer abschmecken.
4. Eier im restlichen Öl braten, auf dem Labskaus anrichten, mit den restlichen Senfgurken und der Roten Bete servieren.

Pro Portion ca. 34 g Eiweiß, 16 g Fett, 33 g Kohlenhydrate = 1842 Joule (440 Kalorien)

abends

Artischocken mit Vinaigrette
Zum Foto auf den Seiten 264/265

Für 2 Portionen:
2 Artischocken (à ca. 250 g)
Salz
20 g Schalotten
2 El Essig
Pfeffer a. d. Mühle
1 Tl Senf
wenig Estragon
1 Bund glatte Petersilie
1 Knoblauchzehe
3 El Öl

1. Artischocken waschen, die Stiele abbrechen (so bekommt man den groben Faserteil am besten aus den Böden). Die Artischocken in reichlich Salzwasser ca. 40 Minuten zugedeckt kochen und auf einem Sieb gut abtropfen lassen.
2. Schalotten pellen und sehr fein würfeln. Essig mit Salz, Pfeffer gut verrühren, den Senf dazugeben und cremig rühren. Dann die Schalotten, Estragon, gehackte Petersilie und

die gepellte, durchgepreßte Knoblauchzehe unterrühren.
3. Zum Schluß das Öl unter ständigem Rühren dazugeben. Die Vinaigrette zu den Artischocken reichen.

Pro Portion ca. 7 g Eiweiß, 19 g Fett, 32 g Kohlenhydrate = 1350 Joule (329 Kalorien)

dazwischen

Joghurt-Kräuter-Mix
Ohne Foto

Für 2 Portionen:
100 g Salatgurke
2 El gemischte, gehackte Kräuter
2 Becher Magermilchjoghurt (à 150 g)
Selleriesalz
Tabasco
Zitronensaft

1. Die Salatgurke schälen, halbieren, die Kerne mit einem Löffel herauskratzen. Gurke fein raspeln und zusammen mit den Kräutern unter den Joghurt rühren.
2. Joghurt mit Selleriesalz, Tabasco und Zitronensaft abschmecken und in Gläser füllen.

Pro Portion ca. 9 g Eiweiß, 3 g Fett, 11 g Kohlenhydrate = 448 Joule (107 Kalorien)

Gefüllte Grapefruit
Ohne Foto

Für 2 Portionen:
1 Grapefruit
½ Banane
2 El Sauerkirschen (a. d. Glas)
2 El Eierlikör
2 Walnüsse

1. Grapefruit halbieren, das Fruchtfleisch mit einem Messer herauslösen und kleinschneiden.
2. Banane schälen und in feine Scheiben schneiden. Grapefruitstücke mit Bananenscheiben und abgetropften Sauerkirschen mischen und in die Grapefruithälften füllen.
3. Über jede Hälfte 1 El Eierlikör geben und mit den gehackten Nüssen dekorieren.

Pro Portion ca. 2 g Eiweiß, 2 g Fett, 25 g Kohlenhydrate = 715 Joule (171 Kalorien)

Wenn Sie eingeladen sind, dürfen Sie sich ein- oder zweimal die Woche eins der folgenden Getränke genehmigen:

1 Glas Weißwein (⅛ l)
1 Glas Rotwein (⅛ l)
1 Gläschen Sekt (⅛ l)
1 kleines Bier (0,2 l)
2 Gläschen Sherry (à 2 cl)
1 Glas Whisky, Cognac oder Weinbrand (2 cl)
1 Gläschen Likör (2 cl)
1 Campari Orange oder Soda (0,2 l)
1 Gin Tonic (0,2 l)

Kleine Ernährungslehre

Woraus unsere Nahrung besteht:

Aufgebaut wird die Nahrung aus den Nährstoffen Kohlenhydrate, Fette und Eiweiß. Dazu kommen Ballaststoffe, Vitamine, Mineralstoffe und Wasser. Gerade bei den Nährstoffen ist es wichtig, in welcher Form wir sie zu uns nehmen:

Kohlenhydrate

Kohlenhydrate braucht der Mensch, denn sie liefern Energie. Aber auf die richtigen kommt es an und das hat lange zu Mißverständnissen geführt: Nicht alle sind gleich wertvoll. Wichtig ist, daß Kohlenhydrate mit Vitaminen und Ballaststoffen einhergehen. Beim Haushaltszucker ist dies nicht der Fall, er enthält lediglich Kalorien. Da er aus nur zwei Molekülen besteht, wird er bereits im Mund aufgespalten und das ist Nahrung für Kariesbakterien. Außerdem wird beim Abbau Vitamin B1 benötigt. Bei hohem Zuckerkonsum wird dem Körper B1 entzogen. Und ein Zuviel an Zucker führt zu Übergewicht. Nützliche Kohlenhydrate sind dagegen in Getreide, Gemüse und Obst in Form von Stärke und dem Ballaststoff Zellulose enthalten. Und Vitamine und Mineralstoffe werden gleich mitgeliefert. Außerdem wird Stärke (sie besteht aus Molekülketten) langsamer und schonender abgebaut. Das Ergebnis: Man bleibt länger satt und die Blutzuckerwerte steigen nicht so rasch wie beim Haushaltszucker.

●●●●●●●●●●●●●●●●●●●●●●●●●●●●

Wichtig:
Kohlenhydrate in Form von Vollkornbrot, Kartoffeln, viel frischem Gemüse und Obst, weil Vitamine und Mineralstoffe mitgeliefert werden. Zucker pur und in Süßigkeiten sollte man einschränken.

●●●●●●●●●●●●●●●●●●●●●●●●●●●●

Eiweiß

Eiweiß ist der Baustoff für die Zellen. Da wir sie ständig erneuern und Eiweiß nur kurz speichern können, müssen wir es täglich aufnehmen. Am wertvollsten ist das Eiweiß, das vom Aufbau dem des Körpers am ähnlichsten ist. Also tierisches Eiweiß, enthalten in Fleisch, Fisch, Eiern, Milch und Käse. Aber auch Pflanzen, vor allem Hülsenfrüchte, Getreide und Kartoffeln enthalten Eiweiß. Allerdings besitzen diese Produkte nicht alle für uns notwendigen Eiweißbausteine. Kombiniert man nun bestimmte Speisen miteinander, so ergänzen sich die in ihnen enthaltenen Bausteine zu vollwertigem Eiweiß. Geeignete Kombinationen sind z. B. Kartoffeln und Eier, Getreide und Milch (Müsli) oder Hülsenfrüchte und Milchprodukte (Quark nach einer Linsen- oder Erbsensuppe).

Fette

Fette haben zwei Funktionen. Sie liefern Energie und sie transportieren die fettlöslichen Vitamine A, D, E und K. Wir brauchen also Fett. Trotzdem sollten wir mit dem Energiespender Fett vorsichtig umgehen. Denn 1 g Fett hat 9,3 Kalorien und damit doppelt soviel wie 1 g Eiweiß oder 1 g Kohlenhydrate. Leider ist der Fettverzehr bei uns zu hoch: Wir essen im

Durchschnitt 140 g pro Tag, 70 g Fett sind aber völlig ausreichend und dabei darf man nicht nur Butter, Margarine und Pflanzenöle zählen. Ein Teil der Fette ist auch versteckt in Fleisch, Wurst, Käse, Eiern und Nüssen.

●●●●●●●●●●●●●●●●●●●●●●●●●●

So können Sie Fett sparen:

● Wählen Sie mageres Fleisch, magere Wurst und mageren Käse.
● Braten Sie Fleisch, Eier oder Kartoffeln in beschichteten Pfannen.
● Garen Sie in Alufolie, Bratfolie oder im Tontopf.
● Entfetten Sie Brühen und Saucen, indem Sie sie abkühlen lassen und das Fett abnehmen. Oder Sie schöpfen das Fett vorsichtig mit einem Löffel von der heißen Brühe oder Sauce ab.
● Verlängern oder ersetzen Sie Mayonnaisen durch Joghurt oder saure Sahne.

●●●●●●●●●●●●●●●●●●●●●●●●●●

Ballaststoffe

Was sind Ballaststoffe?

Früher wurden Ballaststoffe als Rohfaser bezeichnet, doch das stimmt nur zur Hälfte. Heute weiß man, daß sie eine ganze Gruppe umfassen: Ballaststoffe sind alle pflanzlichen Substanzen, die vom menschlichen Organismus nicht abgebaut werden können. Zu ihnen gehören die Faserstoffe Zellulose, Hemi-Zellulose und Lignin und der Quellstoff Pektin. Die Faserstoffe bilden die Gerüstsubstanz der Pflanzen. Pektin ist im Obst enthalten und entsteht während der Reifung.

Was Ballaststoffe im Körper bewirken:

Auch wenn ihr Name ein wenig abschreckt, haben Ballaststoffe eine durchweg positive Wirkung:
● Ballaststoffreiche Nahrung muß ordentlich gekaut werden. So läßt man sich mehr Zeit beim Essen und die Speise wird gut eingespeichelt.
● Durch ihr Quellvermögen sorgen Ballaststoffe für eine längere Verweildauer im Magen. Dadurch hält auch das Sättigungsgefühl länger an. Außerdem erfolgt ein gleichmäßiger Abbau der Kohlenhydrate, und Blutzuckerspitzen werden vermieden. Zudem sind Ballaststoffe gut für den Magen, weil sie überschüssige Säure binden.
● Ballaststoffe binden freie Gallensäuren. Dadurch sinkt der Blutcholesterinspiegel.

● Ballaststoffe regen die Darmtätigkeit an. Dadurch werden giftige Stoffe schneller aus dem Körper befördert beziehungsweise entstehen erst gar nicht.

Die besten Ballaststoffquellen:

Reich an Ballaststoffen ist Getreide, in erster Linie natürlich das volle Korn. Denn die Faser sitzt in den Randschichten. Das gleiche gilt für Naturreis. Deshalb sollte man Vollkornprodukte wie Vollkornbrot, -nu-

Reich an Ballaststoffen: Vollkornbrot

deln und Müsli bevorzugen. Man hat auch die Möglichkeit, ein Gericht durch Weizenkleie oder Leinsamen ballaststoffreicher zu machen. Besser ist es aber, gleich vollwertige Produkte zu verwenden, weil diese auch mehr Vitamine und Mineralstoffe besitzen.

Beim Gemüse stehen Hülsenfrüchte an erster Stelle. Dazu kommen alle Kohlarten, Salat, Kartoffeln, Mais und die Wurzelgemüse.

Besonders ballaststoffreiche Obstsorten sind Brombeeren, Himbeeren, Erdbeeren, Johannisbeeren, Preiselbeeren, Feigen, Äpfel, Birnen, Bananen, Quitten und die Trockenfrüchte. Außerdem alle Nußsorten.

Übrigens: Die tierischen Lebensmittel (Fleisch, Fisch und Milch) enthalten keine Ballaststoffe.

Nur Vorteile für die Gesundheit

● Ballaststoffe helfen, Ballast abzuwerfen. Denn man ißt langsamer und bekommt nicht so schnell wieder Hunger. Außerdem können die Ballaststoffe nicht in Energie, also auch nicht in Fett umgewandelt werden. Mehr noch, der Körper muß Energie aufwenden, um ballaststoffreiche Nahrung durch den Körper zu befördern.

● Mit Ballaststoffen gibt es keine Verstopfung.

● Ballaststoffe halten den Blutzucker-

spiegel konstanter. Deshalb sollten vor allem Diabetiker ballaststoffreiche Nahrung zu sich nehmen.

● Ballaststoffe senken den Blutcholesterinspiegel. Dadurch wird gleichzeitig das Risiko für Bluthochdruck und Arterienverkalkung gesenkt.

● Eine ballaststoffreiche Ernährung dient der Zahnerhaltung. Denn diese Nahrung muß gründlich gekaut werden. Dadurch wird zum einen das Zahnfleisch massiert. Und zum anderen können die Kohlenhydrate noch nicht im Mund gespalten werden. Folge: Den Kariesbakterien fehlt die Nahrung.

●●●●●●●●●●●●●●●●●●●●●●●●●

Wichtig:

Wer sich ballaststoffreich ernährt, muß viel trinken, denn Ballaststoffe brauchen Flüssigkeit zum Quellen.

●●●●●●●●●●●●●●●●●●●●●●●●●

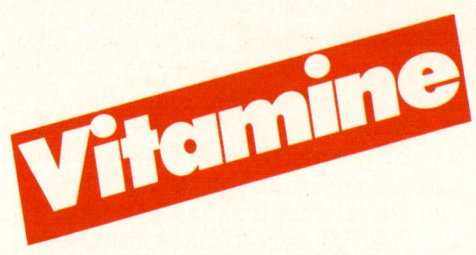

Vitamine

Vitamine spielen eine wichtige Rolle beim Ab- und Umbau der Nährstoffe und bei der Energiegewinnung. Sie üben Schutz- und Reglerfunktionen aus und sorgen allgemein für das Funktionieren des Stoffwechsels. Es gibt zwei Gruppen: die fettlöslichen Vitamine A, D, E, K und die wasserlöslichen Vitamine B1, B2, B6, B12, Folsäure, Niacin, Panthothensäure und Biotin. Vitamine sind lebensnotwendig, ein Mangel führt zu Störungen im Stoffwechsel. Gerade bei B1, B2 und Folsäure wurde eine Unterversorgung bei einigen Bevölkerungsgruppen festgestellt: Der Bedarf von B1 und B2 wird durch Rauchen und starken Zuckerkonsum, der von Folsäure in der Schwangerschaft erhöht. Durch Vollkornprodukte, Naturreis und frisches Gemüse kann man das ausgleichen. Vitamine sind empfindlich. Sie werden zerstört durch Licht, Luft und Wärme. Lebensmittel sollten daher frisch und schonend (kurze Garzeit, wenig Wasserzugabe) verarbeitet werden. Und die fettlöslichen Vitamine sollten mit etwas Fett verzehrt werden, damit sie der Körper aufnehmen kann.

Vitamin A
enthalten in tierischen Lebensmitteln wie Milch, Öl, Butter, Leber und als Vorstufe in pflanzlichen wie gelben Gemüsen und Früchten, grünen Gemüseblättern und Weizen. Es ist wichtig für die Augen.

Vitamin D
als Vorstufe und Vitamin enthalten in Milch, Käse, Butter, Meeresfischen und Lebertran. Im Körper wird die Vorstufe durch Sonneneinstrahlung zu Vitamin D umgebaut. Es ist am Knochenbau beteiligt.

Vitamin E

enthalten in Nüssen, Weizen- und Maiskeimen und -Keimöl. Es stabilisiert die Zellen und das Immunsystem.

Vitamin K

enthalten in Kohl, Spinat, Tomaten, Bohnen, Kartoffeln, Eiern und Innereien. Es ist wichtig für die Blutgerinnung.

Vitamin B1

enthalten in Getreide, Naturreis, Blattgemüse, Kohl, Erbsen, Kartoffeln, Hefe und Fleisch. Es ist wichtig für Herz und Nerven.

Vitamin B2

enthalten in allen tierischen Lebensmitteln, Bohnen, Blumenkohl, Getreidekeimen und Nüssen. Es ist wichtig für den gesamten Stoffwechsel.

Vitamin B6

enthalten in allen tierischen Lebensmitteln, grünem Gemüse und Getreide. Es ist wichtig für Stoffwechsel und Blutbildung.

Vitamin B12

enthalten in allen tierischen Lebensmitteln, Hefe und im Sauerkraut. Es ist wichtig für die Bildung der Zellen und roten Blutkörperchen.

Vitamin C

enthalten in frischem Obst und Gemüse, vor allem in Zitrusfrüchten, Paprika, Petersilie, Johannisbeeren, Sanddorn, Kohl und Kartoffeln. Es ist wichtig für Bildung und Erhaltung des Bindegewebes, die Elastizität der Kapillargefäße und für das Immunsystem.

Folsäure

enthalten in grünen Blättern, Hefe und Leber. Es ist wichtig für die Blutkörperbildung.

Niacin

enthalten in Fleisch, Innereien und Hefe. Es ist wichtig für die Nerven.

Panthothensäure

enthalten in allen Lebensmitteln. Es ist wichtig für die Haut.

Biotin

enthalten in Getreide, Gemüse, Eiern, Hefe und Innereien. Es ist wichtig für die Haut.

Mineral-stoffe

Mineralstoffe und Spurenelemente brauchen wir, damit die Zellen und der Stoffwechsel funktionieren, für den Wasserhaushalt, die Blutbildung und als Baustoff für Knochen und Zähne. Spurenelemente sind auch Mineralstoffe, werden aber nur in geringen Mengen, in Spuren, benötigt. Zu den Mineralstoffen gehören Calcium, Magnesium, Kalium und Phosphat, die wichtigsten Spurenelemente sind Eisen, Fluor, Jod, Kupfer und Kobalt: sie müssen täglich zugeführt werden. Die Aufnahme von Mineralstoffen darf jedoch nicht losgelöst von der Vitaminzufuhr gesehen werden: So regelt Vitamin D die Aufnahme von Calcium und fördert den Einbau von Calcium und Phosphor in die Knochen. Vitamin C begünstigt die Aufnahme von Eisen. Isolierte Vitamin- oder Mineralstoffgaben in Form von Pillen sind daher wenig wirksam. Es ist besser, beides in der natürlichen Form in den Lebensmitteln aufzunehmen. Kritisch ist oft die Versorgung mit Calcium und Eisen.

Calcium
enthalten in Milch und Milchprodukten, Getreide und Gemüse.
Es ist wichtig für Knochenbau und Zähne, für die Nerven, die Muskeln und die Blutgerinnung.

Magnesium
enthalten in grünem Gemüse und Salat, Fisch, Fleisch und Vollkornprodukten.
Es wirkt zusammen mit Calcium und ist wichtig für Muskeln und Nerven.

Natrium
enthalten im Kochsalz und damit auch in Fleisch, Wurst,

Käse und Brot.
Es reguliert den
Wasserhaushalt.
Bei erhöhter Aufnahme wird
Wasser im Gewebe gebunden,
außerdem steigt
der Blutdruck.

Kalium

enthalten unter
anderem in Bananen, Beeren, Kartoffeln, Fleisch
und Milch.
Es wirkt zusammen mit Natrium
und ist wichtig für
die Muskelfunktion.

Phosphat

enthalten in
Milch, Fleisch,
Fisch, Getreide
und Gemüse.
Es wirkt zusammen mit Calcium,
ist daher wichtig
für Knochen,
Zähne und Muskulatur.

Eisen

enthalten in
Fleisch, Innereien,
Blattsalaten,
Schnittlauch und
Vollkornprodukten.
Eisen ist wichtig
für die Blutbildung.

Jod

enthalten in Meeresfischen, Milch,
Eiern, Kresse und
Grünkohl.
Jod ist ein Bestandteil der
Schilddrüsenhormone und daher
wichtig für
Wachstum und
Entwicklung, für
die Gehirnfunktion und die Wärmeregulation.

Fluor

enthalten vor allem
im Trinkwasser.

Fluor ist Bestandteil von Knochen
und Zähnen.
Durch die Zufuhr
kleiner Fluormengen kann der
Zahnkaries entgegengewirkt
werden.

Kupfer

enthalten in Innereien, Fleisch,
Fisch, Getreide
und Hülsenfrüchten.
Es ist wichtig bei
der Bildung der
roten Blutkörperchen.

Kobalt

enthalten in
Fleisch, Leber,
Milch und Erbsen.
Kobalt ist wichtig
für den Aufbau
von Vitamin B12
und damit für die
Bildung von Zellen und von rotem
Blutfarbstoff.

Kalorientabelle

Die Rezepte dieses Buches sind mit den Angaben für die Nährwerte Eiweiß, Fett und Kohlenhydrate, und für die Brennwerte, in Joule und Kalorien, versehen. In unserer Kalorientabelle finden Sie noch mal alle in den Rezepten verwendeten Zutaten. Wer also ein Produkt nicht mag oder nicht bekommt, kann es mit Hilfe der Tabelle gegen ein anderes austauschen. Die Angaben beziehen sich, wenn nicht anders angegeben, auf 100 g Rohware.

A

	Joule/Kalorien
Ahornsirup	1117/267
Alfalfasamen	314/75
Ananas	126/30
Ananassaft, ⅛ l	251/60
Apfel	212/51
Aprikosen	226/54
Aprikosen, getrocknet	1073/256
Aprikosensaft, ⅛ l	209/50
Artischocken, 300 g brutto = 100 g netto	251/60
Avocado	753/180

B

Backobst im Durchschnitt	1160/276
Banane	277/66
Beefsteak	556/133
Beefsteakhack (Tatar)	556/133
Bierschinken	1535/366
Birne	218/52
Blattsalat	63/15
Blattspinat, tiefgekühlt	92/22
Blaubeeren	259/62
Bohnen, grüne	128/31
Bohnen, weiße, rote, schwarze (aus der Dose)	1473/352
Broccoli	92/22
Brötchen, 40 g	465/111
Brombeeren	201/48
Brunnenkresse	88/21
Bücklingsfilet	971/232
Butter	3248/776
Buttermilch	151/36
Butterschmalz	3849/920

C

Camembert, 50%	1370/328
Cashewkerne	2528/604
Champignons	96/23
Chicoree	59/14
Chinakohl, netto	42/10
Corned beef, deutsches	640/153
Cornichons	105/25
Crabmeat	297/71
Crème fraîche	1603/383

D

Datteln, getrocknet	1147/274
Diät-Salami	1380/330
Diät-Schnittkäse, 17%	1200/286
Dickmilch	273/65
Doppelrahmfrischkäse	1481/354

E

Edamer Käse, 30%	1130/270
Ei, 1 Stück im Durchschnitt	364/87
Eierlikör, 2 cl	251/60
Eigelb, von einem Ei	289/69
Eiweiß, von einem Ei	75/18
Emmentaler Käse, 45%	1640/392
Erbsen, netto	364/87
Erbsen, tiefgekühlt	372/89
Erdbeeren	151/36
Erdnußbutter mit Stücken	3192/763

F

Fleischbrühe, ¼ l	63/15
Frischkäse, körniger	519/124
Frühlingszwiebeln	173/41

G

Geflügelleber (Huhn)	615/147
Gelatine, 6 Blatt	142/34
Gemüsebrühe (Instant), ¼ l	63/15
Gemüsesaft, ⅛ l	126/30
Gewürzgurken	84/20
Gorgonzola	1728/413
Gouda	1674/400
Grapefruit	95/23
Grünkernschrot	1370/327
Gruyère	1745/417
Gurke (Salat- und Schmorgurke), netto	42/10
Gurke, Senf-	170/40

H

Hähnchenbrustfilet	456/109
Haferflocken	1695/405
Haferkörner, entspelzt	1540/368
Halbfett-Butter	1665/398
Halbfett-Margarine	1593/381
Harzer Käse	567/136
Haselnußkerne	2904/694
Hefe, 42 g	167/40
Himbeeren	167/40
Hirse	1352/323
Hirseflocken	1395/333
Honig	1276/305
Hühnerbrühe (Instant), ¼ l	105/25

I

Ingwer, frisch	264/63

J

Joghurt, Magermilch-	163/39
Joghurt, Sahne-	444/106
Joghurt-Salatcreme	1415/338
Joghurt, Vollmilch-	293/70
Johannisbeergelee	1109/265

K

Kabeljau	184/44
Kalbsbraten/-schnitzel	452/108
Kalbsleber	565/135
Kaninchenrücken, brutto	552/132
Kapern	126/30
Kartoffeln, netto	364/87
Kartoffelpüreeflocken	1540/368
Kasseler	1372/328
Kaviar	837/200
Kefir (aus Magermilch)	205/49
Kefir (aus Vollmilch)	267/64
Keniabohnen	138/33
Kiwi	206/49
Knäckebrot	1602/383
Kohlrabi	75/18
Kokosflocken	1674/400
Kondensmilch, 4%	473/113
Krabbenfleisch	402/96
Kräuterbutter	2845/680
Kräuterkäse, 45%	1628/389
Kräuterschmelzkäse, kalorienreduziert	547/131
Kresse	117/28
Kürbiskerne, netto	2327/556

L

Lachs, geräuchert	837/200
Lachsschinken	1653/395
Lammfleisch (Keule), netto	1046/250
Leberpastete, im Durchschnitt	1395/333
Leinsamen	1883/450
Linsen	1481/354

M

Maiskörner	1570/375
Mandelkerne	2720/650
Mango, netto	236/56
Mangochutney	1047/250
Mangold	100/24
Margarine	3184/761
Mascarpone	1725/412
Matjesfilet	1193/285
Mayonnaise, 50%	2125/508
Meerrettich (aus dem Glas)	420/100
Meerrettich, netto	314/75
Melone	105/25
Milch, 3,5%	276/66
Mischbrot	1059/253
Möhren	121/29
Möhrensaft, ⅛ l	114/28
Mohn	2244/536
Müsli-Mischung, im Durchschnitt	1674/400
Mungobohnen	1171/280
Muscheln	301/72

N

Nudeln	1632/390

O

Obstwasser, 2 cl	209/50
Öl, im Durchschnitt	3883/928
Oliven, grüne	611/146
Oliven, schwarze	1469/351
Orangen	163/39
Orangenlikör, 2 cl	315/75

P

Paprikamark	206/49

Paprikaschote	90/22
Parmesankäse	1716/410
Perlzwiebeln	209/50
Petersilienwurzel	129/31
Pfifferlinge	59/14
Pfirsiche	177/42
Pflaumen	243/58
Pflaumen, Kur-	988/236
Pinienkerne	2327/556
Pistazienkerne	2607/623
Polenta (Maisgrieß)	1465/350
Porree (Lauch)	105/25
Portwein, im Durchschnitt, 5 cl	293/70
Preiselbeeren	193/46
Preiselbeerkompott	816/195
Prinzeßbohnen, tiefgekühlt	134/32
Pumpernickel	1033/247
Putenbrust, geräuchert	481/115

Q

Quark, Mager-	326/78
Quark, 20%	486/116

R

Radieschen	63/15
Rauchfleisch	1653/395
Reis, Natur-	1475/353
Rhabarber	59/14
Rinderfilet	527/126
Rindersaftfleisch, geräuchert	1105/264
Roastbeef	724/173
Roggenmehl, Type 1050	1182/283
Roggenvollkornmehl, Type 1800	1169/279
Roquefort	1728/413
Rosenkohl	218/52
Rosinen	1130/270

Rote Bete	121/29
Rote Bete, eingelegt	238/57
Rote-Bete-Saft, ⅛ l	209/50
Rotwein, 0,2 l	644/154
Rum, 2 cl	190/45

S

Sago	1465/350
Sanddornsaft mit Honig	1088/260
Sangrita, ⅛ l	209/50
Sardellenfilet, 1 Stück	50/12
Saucenbindemittel, 1 El	229/54
Sauerkirschen	251/60
Saure Sahne	510/122
Schafskäse	1728/413
Schinken, gekocht	876/209
Schlagsahne	1326/317
Schmelzkäse, 20%	691/165
Schollenfilet	347/83
Schwarzwurzeln, netto	311/74
Schweinefilet	729/174
Sellerie, Knollen-	89/21
Sellerie, Stauden-	66/16
Senf, 1 Tl	33/8
Sesam	2511/600
Sherry, medium, 5 cl	272/65
Sherry, trocken, 5 cl	251/60
Sojasauce, 1 El	42/10
Sojasprossen	167/40
Sonnenblumenkerne, netto	1674/400
Spargel	63/15
Speck, durchwachsen, netto	2753/658
Spinat, netto	109/26
Spitzkohl, netto	100/24
Steinpilze, getrocknet, 25 g	293/70
Suppengrün, 1 Bund, 250 g	393/94

T

Thunfisch, naturell	1013/242
Tomaten	79/19
Tomaten, geschält	87/21
Tomatenketchup	448/107
Tomatenmark	209/50
Tomatenpüree (Parmalat)	105/25
Tomatensaft, ⅛ l	126/30

V

Vanillesaucenpulver, für ½ l	1214/290
Vollkornbrot	1004/240
Vollkornnudeln	1452/347
Vollkorntoast	1096/292

W

Walnußkerne	2950/705
Weintrauben	289/69
Weißwein, mittel, 0,2 l	586/140
Weißwein, trocken, 0,2 l	468/112
Weizen	1293/309
Weizenflocken	1465/350
Weizengrütze	1293/309
Weizenkleie	1385/331
Weizenschrot, Type 1700	1276/305
Weizenvollkornmehl, Type 1050	1342/321
Wirsingkohl	138/33

Z

Zucchini	46/11
Zucker	1649/394
Zuckerschoten	364/87
Zwiebeln	173/41

Knackig, frisch und gesund: Salate

Fit in den Tag

Leichtes zum Sattessen

Für den kleinen Hunger

Schlank werden – schlank bleiben

Rezeptverzeichnis

Alphabetisches Register